FRANÇOIS LELORD

Zwei Schwalben in Paris

und andere fabelhafte Geschichten

Mit Illustrationen von Daphne Patellis

Aus dem Französischen
von Ralf Pannowitsch

 PENGUIN VERLAG

Inhalt

EINS

Im Rosengarten

Er war als Präsidentenhund geboren.

Nun ja, im Grunde nicht wirklich; seine Mutter war eine große, schokoladenbraune Hündin gewesen, die in einem Holzhaus am Ufer eines Sees gelebt hatte. Der See war von Ahornbäumen gesäumt, deren Blätter sich im Herbst rot färbten. Auf dem Rasen, der in einem leichten Gefälle zum Wasser hinabreichte, hatte er als Welpe mit seinen Geschwistern gespielt. Er hatte sehr früh zu schwimmen begonnen, was seine Mutter beunruhigt hatte, auch wenn seine Rasse dafür bekannt war, geschossenes Wildgeflügel aus dem Wasser zu holen.

Auf die Jagd war er allerdings nie gegangen, denn nun lebte er in einem anderen Haus, das ganz weiß und von Gärten und sogar einem Park umgeben war. Es lag im Herzen einer großen Stadt. Zuweilen nahmen ihn seine Besitzer mit zu anderen Anwesen, die auch immer große Gärten hatten. Eines davon befand sich an der Ozeanküste, und er mochte es ganz besonders, denn der Präsident nahm ihn dort immer zu Strandspaziergängen mit und warf ihm salzwassergetränkte Holzstücke ins Meer, und dann schwamm er hinaus und holte sie zurück, um sie stolz vor seinem Herrn niederzulegen. Das waren seine schönsten Erinnerungen.

Aber er war ohnehin ein glücklicher Hund, denn seine Besitzer und auch deren Kinder behandelten ihn rundum freundlich, und in diesem großen Haus, in das andere Menschen jeden Tag zum Arbeiten kamen, kannte ihn jeder, und alle grüßten ihn freundschaftlich. Und selbst wenn er Dummheiten machte (jetzt

sowieso nicht mehr, aber in seiner Jugend war es manchmal passiert) – wenn er etwa einen Teil eines wichtigen Dokuments zerkaut und am Ende sogar verschluckt hatte oder darangegangen war, das Bein eines Schreibtischs anzunagen, an dem schon alle Präsidenten vor seinem gesessen hatten –, schimpfte man nie lange mit ihm.

Diese günstigen Umstände und sein glückliches Naturell führten dazu, dass Yop fast immer ein fröhlicher Hund war, vor allem, wenn er mit den Kindern des Präsidenten spielte. Aber inzwischen waren sie größer geworden; morgens kam immer ein riesiges Auto, das sie in die Schule brachte, und dann waren sie tagsüber abwesend, und später saßen sie oft an ihren Hausaufgaben. Und so begann Yop sich manchmal ein wenig einsam zu fühlen, und das Wasser der Seen fehlte ihm mehr als früher.

Eines Tages aber war es anders als an den übrigen Tagen. Schon beim Aufwachen merkte er, dass die Leute auf den Fluren schneller unterwegs waren und dass sie (wie ungewöhnlich!) nicht auf ihn achteten. Der Präsident und seine Gattin waren übrigens schon vor ihm aufgestanden; es hatte ihn überrascht, ihr Bett leer vorzufinden, wo er es doch so liebte, sie zu wecken.

Im Laufe des Morgens lief er ihnen ein paarmal über den Weg, aber außer einem knappen »Hello Yop« nahmen sie sich keine Zeit für ihn, nicht einmal, um ihn zu wuscheln oder zu einem kleinen Spiel einzuladen. Weil er ein sehr intelligenter Hund war, erriet er, dass es nicht an ihm lag, sondern dass etwas im Gange war, was bei den Menschen ein anderes Verhalten auslöste.

Später am Tag begriff er, was es war: Ein anderer Präsident stattete seinem Präsidenten einen Besuch ab! Gleich bei seiner Ankunft sah Yop, dass sich dieser Präsident von seinem ziemlich unterschied; er war nicht so groß, und vor allem hatte er ein unbewegliches Gesicht, das überhaupt nichts ausdrückte. Das verwunderte Yop sehr, denn er brachte sein Leben damit zu, die Gesichter der Leute zu betrachten, um herauszufinden, ob sie fröhlich und zu einem Spiel aufgelegt waren oder aber wütend oder traurig. (Besonders gut erinnerte er sich an einen Tag, an dem die Frau des Präsidenten traurig ausgesehen hatte, und da war er gekommen und hatte ihr die Pfoten auf die Knie gelegt, und sie hatte plötzlich zu weinen begonnen und gesagt: »Wenigstens du ...«) Doch aus dem Gesicht dieses fremden Präsidenten konnte man überhaupt nicht erraten, ob er zufrieden war oder nicht – selbst dann nicht, wenn er kaum merklich lächelte (seine Augen aber lächelten nicht mit).

Und dieser Präsident war mit seinem Hund gekommen! Das verblüffte Yop noch mehr. Zunächst einmal war er von den Augen dieses Hundes überrascht; sie waren von einem sehr blassen Blau – wie Eis in der Morgendämmerung. Sonst hatte Yop in den Augen der Hunde immer nur Farben gesehen, die von Goldgelb bis zu einem tiefen Dunkelbraun reichten. Seine eigenen Augen hatten, so sagte es jedenfalls die Tochter des Präsidenten, die Farbe von Karamell.

Und noch eine Überraschung: Während er dem anderen Hund Willkommenssignale aussandte, indem er mit dem Schwanz wedelte und kurze Belllaute ausstieß, um anzuzeigen, dass er Bekanntschaft mit ihm schließen wollte, ließ der andere kein einziges Hundezeichen erkennen. Er schaute Yop mit seinem eisblauen Blick einfach nur fest in die Augen, und sein Schwanz war aufgerichtet und bewegte sich nicht.

»Glauben Sie, dass sich die beiden gut verstehen werden?«, fragte Yops Präsident.

»Ja. Yak weiß, dass das hier nicht sein Revier ist.«

Yop sah, dass sein Präsident ein wenig erstaunt über diese Antwort war, aber zumindest schien sie ihn zu beruhigen. Und als die beiden Präsidenten in den großen Korridor einschwenkten, der zum Büro von Yops Präsident führte, folgten ihnen die Hunde. Als sie so nebeneinander herliefen, ohne sich anzuschauen, war es Yak, der das Schweigen brach.

»Lebst du schon lange hier?«

»Schwer zu sagen. Bei meiner Ankunft war ich jedenfalls noch ein Welpe.«

»Das hat nichts zu bedeuten. Aber du wirkst tatsächlich noch ziemlich jung.«

»Ja, und ich spiele gern! Du auch?«

»Ich glaube, ich bin schon länger Präsidentenhund als du«, sagte der andere, ohne die Frage zu beantworten.

Sie waren inzwischen im Büro des Präsidenten angelangt, und als wohlerzogene Hunde legten sie sich nahezu geräuschlos zu den Füßen ihrer Herren nieder.

»Schön, dass Sie gekommen sind«, sagte Yops Präsident, »wir haben wichtige Themen zu besprechen.«

»Ich glaube nicht, dass sie für mich von gleicher Bedeutung sind«, entgegnete der andere.

Schon wieder sah Yop, dass sein Präsident von der Antwort ein bisschen überrascht und sogar verärgert war.

»Mag sein, dass Sie diese Themen nicht für dringlich ansehen, aber wichtig sind sie trotzdem. Wir müssen an die Zukunft unserer Völker denken.«

»Ich denke unaufhörlich an die Zukunft meines Volkes.«

»In diesem Fall werden Sie mir zustimmen, dass wir vernünftige Abmachungen treffen müssen, um uns die Ressourcen des Hohen Nordens aufzuteilen.«

»Die Chinesen haben bereits begonnen, sich dort zu bedienen. Auf unsere Abmachungen haben sie nicht gewartet«, antwortete der andere Präsident, und diesmal sah Yop einen beinahe unmerklichen Schatten von Verärgerung über sein Gesicht huschen.

Danach wurde die Unterhaltung langweilig für Hunde, und Yop begann ungeduldig zu fiepen. Sein Präsident bemerkte es.

»Ich glaube, unsere Hunde haben Langeweile«, sagte er, »wir sollten sie lieber nach draußen lassen.« Und schon hatte er sich

11

erhoben, um die Tür zu öffnen, und Yop war begeistert aufge-
sprungen. Der andere Präsident stand nicht auf; sein Hund hatte
sich nicht gerührt, aber nun gab er ihm einen kurzen Befehl, und
Yak stellte sich auf die Pfoten und folgte Yop.

Man öffnete ihnen die Tür, die vom Büro in den Garten führte.

Yop wollte loslaufen, damit Yak die Verfolgung aufnahm und
sich ein Wettrennen mit ihm lieferte, aber der andere Hund
machte keine Anstalten.

»Ich renne nur, wenn es nützlich ist«, sagte Yak.

»Ach so?«, meinte Yop enttäuscht. »Und wann ist es nützlich?«

»Wenn mein Herr ein Stück Holz oder einen Ball wirft und
ich das Ding zurückbringen soll.«

»Na klar!«, sagte Yop. Die Antwort beruhigte ihn. Wenigstens
gingen dieser Präsident, der so anders war als seiner, und sein
seltsamer Hund auch ein paar normalen Beschäftigungen nach.

»Oder um ihn zu verteidigen.«

»Um ihn zu verteidigen? Dafür hat mein Präsident immer ein
paar Männer und Frauen, wenn er das Haus verlässt. Sie bleiben
ganz in seiner Nähe.«

»Hat meiner auch«, sagte Yak. »Aber er weiß, dass er mir
immer vertrauen kann. Seine Wachen hingegen …«

Yop fand es unglaublich, dass man seinen eigenen Wachen
nicht trauen konnte. Das wäre ihm nie in den Sinn gekommen
und seinem Präsidenten auch nicht, da war er sich ganz sicher.

»Der Präsident sagt oft zu mir: ›Mein kleiner Yak, du bist meine
letzte Verteidigungslinie …‹« Und zum ersten Mal bemerkte Yop
bei Yak einen Anflug von Genugtuung.

Na schön, dann würden sie eben nicht rennen, denn Yak war
der Gast und wünschte es nicht. Und so setzten sie ihren Spaziergang fort.

»In diesem Garten gibt es viele Rosen«, sagte Yop.

»Sie duften zu stark«, meinte Yak, »da kann man nichts anderes mehr riechen.«

»Die Frau meines Präsidenten kommt gern hierher, und manchmal schneidet sie Rosen für die Gäste.«

»Das macht sie selbst?!«

»Ja, sie stellt gern Sträuße zusammen, um sie dann zu verschenken.«

Yak blieb stehen, um die Rosen in Augenschein zu nehmen, und Yop sagte sich, dass dieser Hund unter seiner rauen Schale vielleicht doch empfindsam war und Blumen liebte.

»Wenn sich jemand in diesem Garten verstecken würde, könnte man ihn nicht wittern.«

»Aber wer soll sich denn hier verstecken?« Yop konnte nicht recht nachvollziehen, was dem anderen Hund durch den Kopf ging.

»Man weiß nie«, sagte Yak.

Um den Park zu besuchen, mussten sie wieder durchs Haus laufen und durch den Salon, in dem ihre Herren noch immer miteinander redeten. Wenn man ihnen die Türen öffnete, um sie durchzulassen, nahmen sie das für selbstverständlich, denn immerhin waren sie Präsidentenhunde. Als sie schließlich in den Park gelangten, drang ihnen sofort der Lärm in die Ohren.

Hinter dem Zaun, der den Park umgab, stand eine überschaubare Menschenmenge. Die Leute hielten Schilder hoch und stießen Schreie aus. Yop überraschte das nicht weiter; so etwas kam immer wieder mal vor. Aber er sah, wie sich auf Yaks Rücken das Fell sträubte und wie er die Zähne fletschte.

»Hör auf! Beruhige dich doch.«

»Aber sie werden gleich angreifen.«

»Nein, nein. Sie bleiben immer auf der anderen Seite des Zauns.«

»Willst du etwa sagen, dass es bei euch alle Tage so zugeht?«, fragte Yak und knurrte.

»Nein. Manchmal bleiben sie einen Tag, manchmal ein bisschen länger, aber am Ende ziehen sie immer ab.«

»Aber warum kommen sie dann überhaupt?«

Zum ersten Mal sah Yop, dass der bisher so selbstsichere Yak irritiert war. Das freute Yop, zeigte es doch, dass auch er mit seiner Erfahrung als Präsidentenhund beeindrucken konnte.

»Sie kommen, weil sie mit meinem Präsidenten nicht zufrieden sind.«

»Aber warum nimmt dein Präsident das einfach so hin?«, fragte Yak. »Man sollte sie fortjagen!« Und er zeigte aufs Neue die Zähne.

»Wieso denn? Sie stören doch niemanden, oder?«

Yak blickte ihn an, und einen Augenblick lang hatte Yop das unangenehme Gefühl, dass ihn der andere Hund für einen Idioten hielt.

»Ich vermute, in deinem Land ist das anders«, sagte er.

»Allerdings!«

Sie beschlossen, eine kleine Parkrunde zu drehen, auch wenn der Lärm der Menschen ein bisschen störend war. Diesmal lag das Problem darin, dass man nichts anderes *hören* konnte. Sie waren gerade dabei, ein Loch zu inspizieren, das wie der Zugang zu einem Kaninchenbau aussah (endlich ein gemeinsames Interessengebiet), als Yak plötzlich auffuhr.

»Ich habe den Namen meines Präsidenten gehört.«

Yop kannte diesen Namen nicht, aber im Geschrei der Menschen jenseits des Parkgitters kehrte immer das gleiche Wort wieder, und Yop spürte deutlich, dass es nicht die aufmunternden Rufe waren, die seinem eigenen Präsidenten manchmal zuteilwurden. Nein, er konnte ganz deutlich den Hohn oder die Wut in den Stimmen der Menschen ausmachen. Und Yak ging es natürlich genauso; er war schon wieder auf dem Sprung und hatte eine drohende Körperhaltung angenommen, wodurch er ziemlich furchterregend wirkte.

»Ja«, meinte Yop, »vielleicht ist das wirklich sein Name.«

»Nicht bloß *vielleicht* – ich habe ihn genau erkannt!«

Und er fixierte Yop mit einem eisigen Blick, als wäre jemand, der den Namen seines Präsidenten nicht erkannte, bereits sein Feind. Yop war es einen Moment lang mulmig zumute, aber dann sagte er sich, dass er sich nicht zu fürchten brauchte. Dieser Yak war zwar sonderbar, aber nicht verrückt.

»Selbst wenn es sein Name war, riskiert dein Präsident nichts – er ist ja mit meinem zusammen.«

Yak schien sich dieser Tatsache zu beugen. Er beruhigte sich, aber später sah Yop, wie sich sein Körper immer wieder anspannte, sobald die Menge den Namen des anderen Präsidenten rief.

Plötzlich erzitterte vor ihnen ein Busch. Yop hatte es gerade erst bemerkt, als Yak auch schon nach vorn geschossen und zwischen den Zweigen verschwunden war.

»Halt!«, rief Yop.

Er fürchtete, dass Yak einen Gärtner angreifen würde. Die kamen nämlich öfter hier entlang, wobei es unmöglich schien, dass ein Gärtner sich von Kopf bis Fuß in so einem kleinen Strauch verbergen konnte. (Immerhin war Yop mal auf einen gestoßen, der in einem ganz ähnlichen Gebüsch lag und schlief; sein Atem hatte irgendwie merkwürdig gerochen.)

Aber da tauchte Yak schon wieder auf, und zwischen den Fangzähnen hielt er ein großes Kaninchen, dessen Körper ihm zu beiden Seiten der Schnauze hinabbaumelte. Sandfarbenes Fell, schneeweißer Bauch – Yop erkannte es sofort: Es war Tom, das Häschen von Dorothy, einer der Töchter des Präsidenten. Und jetzt lebte Tom nicht mehr.

»Du hast Tom getötet!«

»Ja, gleich im ersten Anlauf«, sagte Yak stolz und ließ das Kaninchen ins Gras fallen.

»Das ist das Kaninchen der Präsidententochter!«

Yak wirkte überrascht, aber es schien ihm überhaupt nicht peinlich zu sein.

»Was hatte es dort zu suchen? Kaninchen lässt man nicht

einfach so herumlaufen. Jetzt war ich es, der es erwischt hat, aber genauso gut hätte eine Katze kommen können.«

Da hatte er recht. Tom war vor einigen Tagen aus seinem Auslauf entwichen, und man hatte erfolglos nach ihm gesucht. Jetzt wurde Yop alles klar: Es war Tom gewesen, der das Loch von vorhin gebuddelt hatte.

»Da wird sie aber traurig sein«, meinte er.

»Sie hätte ja besser aufpassen können«, sagte Yak.

Dieser Kommentar machte Yop wütend. Yak bemerkte es, und die beiden Hunde starrten sich lange an. Yop war wirklich aufgebracht, er hätte seine Zähne in Yak schlagen können. Er sah, dass Yak es spürte, aber dabei völlig ruhig blieb. Diese vollkommene Ruhe machte Yop Angst; ein solcher Hund war ihm wirklich noch nie begegnet.

»Wir werden uns doch nicht wegen eines toten Karnickels beißen«, sagte Yak.

Yop antwortete darauf nicht. Der andere Hund hatte gar nichts begriffen. Wenn sie sich gebissen hätten, dann doch nicht wegen Tom – den hatte Yop immer total uninteressant gefunden –, sondern wegen der Tochter des Präsidenten, die nun Kummer haben würde. Aber am besten beendete man diese Diskussion.

»Wir lassen ihn hier liegen«, sagte Yop.

»Nein«, entgegnete Yak, »ich habe ihn getötet, da gehört er mir.«

»Wie du willst.«

Es brachte nichts, mit diesem Hund zu diskutieren, und außerdem war Yop gerade ein Gedanke gekommen: Wenn sie das tote Kaninchen dort herumliegen lassen hätten, dann hätten die Leute (und ganz besonders Dorothy) am Ende noch geglaubt, er, Yop, hätte es zur Strecke gebracht.

Sie näherten sich wieder dem Haus, und Yak hielt das Kaninchen in der Schnauze. Wie man sich hätte ausmalen können, gerieten die Menschen bei diesem Anblick in helle Aufregung. Man öffnete ihnen die Türen, und eine der Wachen des Präsidenten wollte Yak das Kaninchen abnehmen, begriff aber gleich, dass es nicht möglich war.

Man ließ sie ins Büro.

»O mein Gott«, sagte Yops Präsident, »das ist ja Tom!«

»Was denn?«, fragte der andere Präsident. »Sie geben hierzulande *Kaninchen* richtige Vornamen?«

»Es ist das Kaninchen meiner Tochter«, sagte Yops Präsident und sah dabei ausnahmsweise verärgert aus.

»Oh, das tut mir leid«, sagte der andere Präsident, aber dabei verzog er, wie Yop bemerkte, keine Miene.

»Es stimmt schon, es hätte nicht frei im Garten herumlaufen sollen«, sagte sein Präsident, der die Situation offenbar entschärfen wollte. »Will Ihr Hund es noch lange so halten? Es wird den Teppich bekleckern.«

Und tatsächlich tropfte Tom etwas Blut aus dem Maul und besprenkelte den Teppich.

Der andere Präsident erteilte einen knappen Befehl, und Yak ließ das Kaninchen fallen. Eine der Wachen, die den Hunden ins Büro gefolgt war, hob es auf und schaffte es fort.

»Wir haben in Sibirien sehr schöne Kaninchen«, sagte der andere Präsident. »Darf ich Ihrer Tochter ein solches schenken?«

»Ich glaube, da würde sie nicht Nein sagen. Danke.«

Der andere Präsident schaute auf die beiden Hunde und sagte: »Ich glaube, sie bleiben besser in unserer Nähe. Yak ist es nicht so gewohnt, ohne mich herumzulaufen.«

»Sie haben recht. Und ich möchte auch nicht, dass er beim nächsten Mal einen toten Gärtner anschleppt.«

Die beiden Präsidenten lachten, und Yop sagte sich, dass sein Präsident sehr begabt darin war, gute Stimmung zu verbreiten. Das war ihm schon öfter aufgefallen. Aber als er an Dorothy dachte, machte ihn das doch wieder traurig. Er blickte zu Yak hinüber, der seinem Herrn zu Füßen saß und vollkommen ruhig wirkte.

Schließlich schlug sein Präsident dem anderen Präsidenten vor, eine kleine Besichtigungstour durchs Haus zu machen. Die Leute kamen aus ihren Büros und stellten sich entlang der Korridorwände auf, um die beiden Präsidenten mit einem dezenten Nicken zu begrüßen. Manchmal hielt Yops Präsident inne, um dem anderen Präsidenten eine wichtige Person vorzustellen, und dann wechselten sie lächelnd ein paar Worte. Sogar der andere Präsident hatte jetzt ein Lächeln auf den Lippen. Es war wie eine kleine Prozession, denn außer den beiden Hunden folgten ihnen auch die Leute, die mit Yops Präsident häufig in dessen Büro arbeiteten, und außerdem ein Leibwächter, den Yop gut kannte, sowie zwei weitere, die ihm unbekannt waren, denn sie gehörten zum anderen Präsidenten.

Yak hielt sich ganz eng an seinen Herrn, ohne ihn auch nur ein einziges Mal anzuschauen. Das fiel Yop gleich auf, denn er selbst konnte es sich nicht verkneifen, seinem Herrn oft forschend ins Gesicht zu blicken. Aber nein, Yak schaute lieber jeder Person in die Augen, die man seinem Präsidenten vorstellte, und bisweilen warf er auch einen Blick auf die Männer und Frauen, welche die Wände der Korridore säumten.

Yop bemerkte, dass die Präsidenten ein wenig länger mit einer blonden jungen Frau sprachen, der auch die anderen Menschen viel hinterherschauten, wenn sie ihnen gerade den Rücken zudrehte, und diesmal sah er, dass der andere Präsident so richtig lächelte. Offenbar sagte er lustige Dinge zu der jungen Frau, denn sie lachte kurz auf und errötete. Yak hingegen schaute sie überhaupt nicht an, er folgte mit seinen Blicken lieber zwei Männern in Arbeitsanzügen, die mit Werkzeugkisten in den Händen an ihnen vorbeigekommen waren.

»Kennst du die?«, fragte er Yop.

»Nein, diese beiden nicht, aber hier kommen oft Leute arbeiten, die so angezogen sind.«

Yak schaute den beiden Männern hinterher, während sie sich entfernten.

»Kein Grund zur Unruhe«, meinte Yop, »das ist hier ganz üblich. Sie kommen, um irgendwas zu reparieren.«

Yak entgegnete nichts darauf.

Am Ende nahmen sie Kurs auf die Präsidentenwohnung, und das kam gerade zur rechten Zeit, denn Yop verspürte langsam Hunger, und in der Küche hatte man ihm seinen Fressnapf hingestellt, in dem sein Lieblingsessen war: Würstchen aus Hühnerfleisch, Tofu und Süßkartoffeln.

»Willst du das wirklich fressen?«, fragte Yak ungläubig.

»Ja, ich freue mich immer, wenn Hähnchentag ist.«

Eigentlich hätte er Yak gern angeboten, die Mahlzeit mit ihm zu teilen, aber ihn hielt die Vorstellung zurück, dass seine Schnauze dann ganz nahe an Yaks Schnauze sein würde – Yaks Schnauze, die sich in sein Futter bohrte.

In diesem Augenblick näherte sich der Leibwächter des anderen Präsidenten mit einem Teller und stellte ihn vor Yak ab. Ein großes Stück rohes Fleisch lag darauf, noch nicht vom Knochen gelöst. Yak stürzte sich darauf, ließ den Knochen krachen und schlug seine Zähne in den Fleischbrocken, als würde der noch leben und müsste erst getötet werden.

Yop erinnerte sich, so etwas auch schon einmal gefressen zu haben, aber die Frau des Präsidenten hatte rotes Fleisch vom Speisezettel der Familie gestrichen, außer wenn Gäste kamen; der Präsident aß selbst keines mehr, und da Yop mehr oder weniger den Ernährungsgewohnheiten der Familie folgte, hatte auch er keines mehr im Fressnapf. Er hatte begriffen, dass es schlecht war, Fleisch zu verzehren, wenn es auch anders ging, und hier hatte man natürlich alle Möglichkeiten, sich anders zu ernähren. Auf jeden Fall wusste er, dass die Frau des Präsidenten immer recht hatte.

Wenn er allerdings beobachtete, wie das rote Fleisch zwischen Yaks Fangzähnen verschwand, spürte er, dass er selbst gern davon gekostet und vielleicht gar ein ganzes Stück gefressen hätte. Aber gleich danach machte er sich wegen dieses Gedankens Vorwürfe; es war ein bisschen, als hätte er plötzlich Lust bekommen, auf den Teppichboden zu pinkeln.

Die Präsidenten redeten noch immer im Salon miteinander; man hatte sogar Holzscheite im Kamin angezündet, und die beiden Hunde legten sich unweit des Feuers nieder.

»Das erinnert mich an meine Welpenzeit«, sagte Yak plötzlich.

»Hast du da an einem Kamin geschlafen?«

»Nein. Wenn die Nacht hereinbrach, wurde ein großes Feuer angezündet, und man legte mich in die Nähe, damit ich es nicht zu kalt hatte.«

»Aber war es ein großes Haus?«

Yak schaute ihn an. »Es war überhaupt kein Haus, sondern draußen.«

»Willst du damit sagen, du hättest die Nacht unter freiem Himmel zugebracht?«

»Nein, später am Abend haben die Menschen Zelte aufgestellt.«

Was Zelte waren, wusste Yop: Der kleine Sohn des Präsidenten hatte auf dem Rasen ein Zelt, in dem er manchmal mit anderen kleinen Jungen spielte, aber nachts blieb er dort nie. Die Nacht im Freien zu verbringen, wenn Schnee lag – was für eine sonderbare Idee! Yaks Leben war wirklich ganz anders verlaufen als seines.

»Erinnerst du dich an deine Mutter?«, fragte er, denn er wollte Yak besser verstehen.

»Ja, sie war Leithündin.«

»Leithündin?!«

Yak schaute ihn schon wieder groß an, und Yop sah, dass auch er allmählich begriff, dass sie ein sehr unterschiedliches Leben gehabt hatten.

»Wenn man einen Schlitten über den Schnee zieht, gibt es ganz vorn immer einen Leithund, der die Befehle des Herrn am schnellsten ausführt und dem die anderen folgen müssen.«

»Und dein Vater?«

»Der war der Anführer der Meute.«

»Und ebenfalls Leithund?«

»Nein, das ist fast nie der Fall. Wenn du Chef von anderen Hunden wirst, dann gehorchst du den Menschen nur selten so richtig. Und du musst wachsam sein, denn es gibt immer ein anderes Männchen, das deinen Platz einnehmen will.«

Es war eine andere Welt, dachte Yop. Er selbst hatte nie darum kämpfen müssen, Chef der anderen Hunde zu sein, und seine Besitzer erteilten ihm niemals Befehle, außer wenn er aus ihrem Bett verschwinden oder nicht so stürmisch um sie herumspringen sollte. Ansonsten mochte er die gleichen Dinge, die auch ihnen Spaß machten: gemeinsam spazieren gehen, mit den Kindern spielen oder die Bälle fangen, die man ihm zuwarf.

Und jetzt war die Zeit herangerückt, zu der die Kinder von der Schule kamen!

Dorothy und Jason betraten das Zimmer, und Yop begrüßte sie, indem er um sie herumsprang und versuchte, ihnen die Pfoten auf die Schulter zu legen und mit der Zunge über ihr Gesicht zu fahren, was die Kinder lachend abwehrten.

Yak und der andere Präsident verfolgten dieses Schauspiel, ohne eine Regung zu zeigen, aber dann trat die Frau von Yops Präsident ein, und der andere Präsident erhob sich unverzüglich. Sie wechselten ein paar nette Worte, und erneut lächelte der andere Präsident. Er wandte sich den Kindern zu, um ein Gespräch mit ihnen zu beginnen, doch sie waren vor allem an Yak interessiert und stellten viele Fragen zu ihm. Ihn zu berühren wagten sie aber nicht, denn er saß reglos da und wedelte nicht mit dem Schwanz. Yop spürte, dass der Präsident und seine Frau besorgt waren. Der andere Präsident erklärte ihnen, dass Yak Kindern nichts tat, aber Yop sah deutlich, dass es nicht ausreichte, um Dorothy und Jason zu beruhigen; sie traten nicht näher an Yak heran.

»Du könntest sie ja mal begrüßen, indem du ein bisschen mit dem Schwanz wedelst«, schlug Yop vor.

»Aber ich bin gar nicht so begeistert, sie zu sehen«, erwiderte Yak. »Außerdem wird das Mädchen gleich erfahren, dass ich es war, der ihr Kaninchen getötet hat.«

»Stimmt, das wird ihr Kummer bereiten. Aber gerade deshalb solltest du nett zu den beiden sein.«

»Es wäre vielleicht klüger, ihr von dem Kaninchen nichts zu sagen«, meinte Yak.

»Warum?«

»Das Tier war doch verschwunden. Da kann sie immer noch denken, dass es lebt und irgendwo glücklich ist.«

»Einverstanden«, sagte Yop, »aber es wäre trotzdem besser, wenn du den lieben Hund spielst.«

Yak stellte sich seufzend auf die Pfoten. Die Kinder wichen zurück, aber er begann mit dem Schwanz zu wedeln und zum Zeichen des Willkommens ein wenig zu bellen und zu schnuppern.

»Das sehe ich bei dir zum ersten Mal«, sagte Yop.

»Ich mach es dir einfach nach«, erwiderte Yak.

Danach durften sie noch einmal in den Garten, diesmal mit den Kindern, und Yak spielte seine Rolle als »freundlicher und kinderlieber Hund« recht gut.

Jedenfalls so lange, bis er erneut die beiden Männer in Arbeitskluft bemerkte, die mit ihren Werkzeugen durch den Garten gingen. Er schoss auf sie zu.

»Halt!«, rief Yop und rannte ihm hinterher, denn er fürchtete, dass Yak sich auf sie stürzen könnte. Aber nein, er blieb vor ihnen stehen und knurrte fürchterlich; sein ganzes Fell hatte sich aufgerichtet, und das beängstigte sogar Yop, der noch nie einen so schreckenerregenden Hund gesehen hatte.

Auch die beiden Männer bekamen es mit der Angst zu tun; sie wollten kehrtmachen, aber Yak rannte auf die andere Seite und versperrte ihnen jedes Mal den Weg, wenn sie fortzugehen versuchten.

Die Türen des Hauses öffneten sich, und hinaus traten die Präsidenten und sämtliche Leibwächter. Sie gingen auf Yak und die beiden zu Tode erschrockenen Männer zu. Am Ende erteilte der andere Präsident Yak einen Befehl, und der gab sofort Ruhe und lief zu seinem Herrn hinüber, wobei er die Männer nicht aus den Augen ließ.

»Was ist denn bloß in Ihren Hund gefahren?«, fragte der Präsident in leicht verärgertem Ton.

»Er hat etwas gewittert. Sie sollten mal nachprüfen lassen, wer die beiden Männer sind.«

»Alle, die hier arbeiten, sind hundertmal durchgecheckt.«

»Sie sollten es trotzdem mal überprüfen lassen«, sagte der andere Präsident.

»Wenn Sie meinen ...«, sagte der Präsident seufzend. Er sprach mit einem Sicherheitsmann, und man führte die Männer ins Innere des Hauses.

Später schlummerten die beiden Hunde am Feuer, während die Präsidenten in großen Sesseln saßen, immer noch miteinander redeten und dabei eine goldfarbene Flüssigkeit tranken, die Yops Präsident aus einer schönen Flasche ausgeschenkt hatte.

»Warum bist du ihnen nachgerannt?«, fragte Yop.

Die Frage beschäftigte ihn schon die ganze Zeit. Er wusste, dass manche Hunde keine Männer in Uniform ausstehen konnten, aber das waren meistens ziemlich dumme Tiere, und Yak war doch ein intelligenter Hund. Außerdem waren sie im Laufe des Tages an anderen Männern und sogar Frauen in Uniform vorbeigekommen, und Yak hatte nicht reagiert.

Yak öffnete die Augen. »Sie haben nach Angst gerochen.«

»Nach Angst?«

»Ja, Angst hat einen ganz besonderen Geruch. Und hier war das leicht zu wittern.«

»Weshalb?«

»Weil in diesem Haus niemand wirklich Angst hat. Von allen Menschen, die mir heute über den Weg gelaufen sind, hat keiner nach Angst gerochen – nur diese beiden.«

»Glaubst du, sie wollten meinem Präsidenten etwas Böses?«, fragte Yop, und bei dieser Vorstellung richteten sich ihm die Haare über dem Rückgrat ein wenig auf.

»Weiß ich nicht. Auf jeden Fall hatten sie etwas zu verbergen.«

»Und im Haus deines Präsidenten? Hast du da schon solche Leute erwischt?«

»Dort ist es viel schwieriger, sie ausfindig zu machen.«

»Warum?«

»Weil dort fast jeder Angst hat.«

Yak und sein Präsident kamen wirklich aus einer anderen Welt, dachte Yop. Und als er den anderen Präsidenten anschaute und seinen blauen, harten Blick sah, wurde ihm plötzlich bewusst, dass dieser Mann Yak ähnelte!

Aber letztendlich war das eher ein gutes Omen: Yop hatte es geschafft, mit Yak gut auszukommen, und so würde sich auch sein Präsident bestimmt mit dem anderen verstehen.

Später kam ein Mann vom Sicherheitsdienst herein, einer, den Yop gut leiden konnte. Er schaute besorgt drein und flüsterte Yops Präsidenten etwas ins Ohr. Der zog die Augenbrauen hoch, wandte sich an seinen Gast und sagte: »Ihr Hund ist außergewöhnlich!«

Der andere Präsident lächelte und erhob sein Glas. Yops Präsident tat es ihm nach, und dann prosteten sie einander zu.

Yak schlug die Augen auf, ohne sich zu rühren, und blickte Yop an.

»Siehst du«, sagte er.

Auch wenn sie nicht hören konnten, was ihre Präsidenten sagten, und auch nicht verstanden, worüber all die Leute redeten, die das Büro mit Aktenbündeln betraten und wieder verließen – solchen Dossiers, wie Yop sie als junger Hund einmal zerfleddert hatte –, begriffen sie aus dem Tonfall, dass ihrer beider Herren sich am Ende geeinigt hatten.

»Wir haben einen großen Schritt für die Menschheit getan«, sagte Yops Präsident.

»Das habe ich alles schon mal gehört«, sagte der andere.

Am nächsten Morgen kam der Moment der Abreise.

Alle waren auf die Freitreppe des Hauses getreten – der fremde Präsident, Yops Präsident, seine Frau und die Kinder. Die Leute vom Sicherheitsdienst hatten sich bereits um den Wagen herum positioniert. Man lächelte einander zu, gab sich die Hand und klopfte sich auf den Rücken, wie es die Menschen zur Verabschiedung zu tun pflegen. Die Kinder bedankten sich herzlich bei dem anderen Präsidenten, der ihnen Geschenke mitgebracht hatte – für den Jungen das Modell eines Militärflugzeuges und für das Mädchen ein wunderschönes Kaninchen in makellosem Weiß, abgesehen von den Ohrenspitzen und den Augen, die schwarz waren. Es war im Morgengrauen aus der Heimat des anderen Präsidenten eingeflogen worden. »Für die Übergangzeit, bis deins wieder aufgetaucht ist«, hatte der andere Präsident gesagt und dabei Dorothys Vater angeschaut.

Ehe Yak im Auto verschwand, drehte er sich noch einmal um und sagte zu Yop: »Freut mich, dich kennengelernt zu haben. Du hast mir ein paar gute Tricks beigebracht.«

»Aber was denn?«, sagte Yop. Er hatte das Gefühl, dass es genau umgekehrt war und Yak viel mehr Tricks kannte als er.

»Wie man einen auf nett macht«, sagte Yak.

Und dann sprang er in den Wagen.

ZWEI

Das Schuppentier,
die Katze und der kleine Junge

Es war einmal ein junges Schuppentier, das in den Wald ging, um sich sein Abendessen zu suchen. Die Stunde der Dämmerung war seine Lieblingszeit; tagsüber hätte ihm die Sonne zu sehr auf die Schuppen gebrannt, und wenn es dunkel war, erwachten die Raubtiere.

Es ging gemächlich seines Weges, denn Schuppentiere rennen niemals, und vor den Augen stand ihm die Erinnerung an einen Ameisenhaufen, den er schon lange nicht mehr besucht hatte und der inzwischen wieder saftig und voller neuer Ameisen sein musste.

»Achtung, geh hier nicht lang!«, sprach zu ihm plötzlich eine Stimme, die von oben kam.

Das Schuppentier blieb überrascht stehen und hob den Blick. Dort hing eine Fledermaus an einem Zweig, und obgleich sie den Kopf verkehrt herum hielt, gelangten ihre Worte doch nicht umgekehrt in die Ohren des Schuppentiers.

»Warum denn nicht?«

»Sie haben den Wald aufgegessen«, sagte die Fledermaus.

»Du meinst, sie haben ihn abgebrannt?«

»Nein, das waren nicht die Gleichen wie sonst.«

In diesem Wald lebten Menschen, und manchmal brannten sie ein Stück nieder, um dort ihre eigenen Pflanzen wachsen zu lassen. Das Schuppentier war vor den Menschen auf der Hut, denn bisweilen gingen sie auf die Jagd, und im Gegensatz zu ihm, der nur Ameisen oder Termiten fraß, nährten sie sich von allem Möglichen – von Schuppentieren, Schlangen, Ratten, Affen, Vögeln und sogar von Fledermäusen. Zum Glück waren sie nicht so zahlreich, es genügte, wenn man Abstand zu ihnen hielt, der Wald war groß genug für alle.

»Diesmal sind es andere«, fuhr die Fledermaus mit aufgeregter Stimme fort. »Sie schneiden die Bäume ab, statt sie zu verbrennen. Sie bauen eine Straße.«

»Eine Straße?« Das Schuppentier dachte an die einzige Straße, die es kannte. Sie befand sich in einiger Entfernung von hier und war eine teuflische Erfindung. Man dachte immer, man könnte sie leicht überqueren, aber dann wurde man plötzlich von einem brüllenden Ungeheuer angefallen, und wenn man nicht schnell genug war, lag man zerdrückt da.

»Sie bauen eine neue Straße und errichten sogar eine Art Dorf.«

»Was, ein Dorf?!«

Das Schuppentier fragte sich, ob die Fledermaus das tatsächlich gesehen hatte, wo sie doch nur bei Nacht richtig gucken konnte. Warum sollte jemand ein weiteres Dorf erbauen in diesem Wald, dessen Bewohner schon jetzt ihre liebe Not hatten? Das Schuppentier hatte verstanden, dass es so war, denn sein Weg führte an ihren Hütten vorbei. Manchmal sah es, wie sie ihre Toten begruben, und oft waren es Kinder. Dann hörte es die Familien weinen. Diese wilden Bestien beweinten also ihre Toten, wenigstens das musste man ihnen lassen.

»Ich werde mir das mal ansehen«, sagte es.

»Nein«, sagte die Fledermaus, »geh dort nicht hin, es ist gefährlich!«

Aber unser Schuppentier war stolz und kühn, und die Vorstellung, ängstlich zu wirken oder einer Fledermaus zu gehorchen, war ihm unerträglich. Es setzte sich wieder in Bewegung, nun aber doch ein klein bisschen furchtsam.

Und es stimmte wirklich! Sie hatten den Wald verzehrt und bauten jetzt eine Straße, wobei ihnen Ungeheuer halfen, die noch riesiger waren als jene, die das Schuppentier schon über die alte Straße rasen gesehen hatte. Die Nacht war bereits hereingebrochen, aber die gelben Augen dieser Monster blitzten und strahlten, und man erkannte alles wie bei hellem Tageslicht. Die Bäume fielen um, einer nach dem anderen. Es gab auch ein neues Dorf, das man für diese Menschen gebaut hatte, aber es sah ganz anders aus als das Dorf im Wald. Dieses hier wirkte, als sei es aus derselben Art von Schuppen gemacht wie die Panzerung der Ungeheuer.

Seinen Ameisenhügel konnte das Schuppentier nicht mehr finden, wahrscheinlich lag er jetzt unter einem dieser schrecklichen Häuser begraben.

»Siehst du?«

Das Schuppentier schreckte zusammen. Die Fledermaus hatte sich wieder zu ihm gesellt.

»Was für eine Katastrophe«, sagte das Schuppentier.

»Aber es ist auch nicht alles rabenschwarz«, wandte die Fledermaus ein. »Sie bringen ihre Nahrung mit, und spät am Abend gehe ich manchmal nachschauen, was übrig geblieben ist, und fresse etwas davon. Es ist wirklich abwechslungsreich – sie haben Obst aus anderen Gegenden der Welt und auch große Fleischstücke, die ganz kalt sind.«

Dass die Leute sich nicht ekeln, dachte das Schuppentier. Er wusste, dass die Fledermaus wie alle ihre Artgenossen eine widerliche Angewohnheit hatte: Sobald sie an etwas herumzufressen begann, drückte sie ein paar Tropfen Urin ab, das konnte sie sich einfach nicht verkneifen. Die Nahrung dieser Leute musste nach Fledermausurin riechen, jedenfalls für Nasen, die feiner waren als die eines Menschen. Das Schuppentier jedenfalls hatte den Geruch bereits gewittert, als es sich einmal am Fuß eines Baumes, dessen Früchte die Fledermäuse lieben, an einen Ameisenhaufen gemacht hatte. Sogar die Ameisen rochen nach dem Pipi der Flattertiere. Das Schuppentier hatte sich daran gewöhnt, und trotzdem bevorzugte es Ameisenhügel in offenem Gelände.

»Na ja«, meinte das Schuppentier, »ich werde ihr Essen jedenfalls nicht verkosten.«

»Vorsicht!«, rief die Fledermaus.

Zu spät. Alles rundherum wurde schwarz, und schon steckte das Schuppentier in einem Sack und hörte, wie draußen ein paar Menschen fröhlich etwas riefen. Man hatte es eingefangen.

Lange Zeit darauf, nachdem es einen ganzen Tag und eine ganze Nacht im Bauch eines röhrenden Monsters zugebracht hatte, fand es sich endlich unter freiem Himmel wieder. Nun ja, eigentlich nicht ganz, denn es steckte in einem Käfig aus Weidenruten, zusammen mit zwei anderen Schuppentieren, die es nicht kannte. An den Schreien rundum erkannte es andere Tierarten: Affen, Bären, eine Menge Vögel, und selbst ein Panther fauchte irgendwo. Nur von den Schlangen war nichts zu hören. Und dann machten auch die Menschen viel Lärm; ihre runden Köpfe zogen an ihm vorbei, und sie schauten durch das Gitter seines Käfigs zu ihm hinein. Auch hier stank es furchtbar. Zunächst hatte das Schuppentier gedacht, es wären die Ausdünstungen eines seiner Artgenossen, der es mit der Körperpflege nicht so genau nahm, aber nein, dieser Geruch lag über dem ganzen Ort, und es war ein schrecklicher Gestank nach Kot. »Das ist normal«, sagte eines der anderen Schuppentiere, »hier machen alle hin, wo sie gerade gehen und stehen.« »Und erst recht, wenn man sie tötet«, ergänzte das andere mit düsterer Stimme. Plötzlich begriff unser Schuppentier mit Entsetzen, weshalb sich die Lautstärke der Schreie manchmal verdoppelte. In dem Moment brachte man wieder ein Tier um. »Sie werden uns aufessen«, sagte das eine Schuppentier.

»Nein«, rief das andere, »sie töten uns wegen unserer Schuppen.«

»Das ist doch Quatsch, die Schuppen kann man nicht essen.«

»Aber wenn ich es dir doch sage!«

Unser Schuppentier war es leid, diesem Streit unter seinen beiden Kameraden im Unglück weiter zu folgen, und doch wurde es so wenigstens von den schrecklichen Schreien der Tiere abgelenkt, die man packte, um sie zu töten.

Plötzlich öffnete sich der Korb, jemand griff nach dem Schuppentier, und schon baumelte es in der Luft, genau vor der Nase eines Mannes oder vielmehr eines kleinen Mannes. »Dieses hier?«, sagte eine dröhnende Stimme. »Ja, Papa, ja, das will ich haben!« »Na schön, was soll es denn kosten?«, fragte der Vater den Händler. Er machte seinem kleinen Sohn gern eine Freude. Ein Schuppentier, was für eine Idee, aber zumindest war es leicht zu ernähren und nicht bösartig. Das Schuppentier schaute den kleinen Jungen an; es verstand seine Sprache nicht, aber in seinen Augen konnte es etwas erkennen, und das war Liebe.

Bald darauf gelangte das Schuppentier an einen Ort, wie es ihn nie zuvor gesehen hatte. Eine Wohnung in einem hohen Turm. Dort lebten ein Mann und eine Frau, ihr kleiner Sohn und ihre Katze.

Als es die Katze erstmals zu Gesicht bekam, rollte sich das Schuppentier zu einer Kugel zusammen, denn seine Erfahrung aus dem Wald hatte es gelehrt, dass die Katzenartigen wilde Kreaturen sind. Diese hier sollte möglichst schnell mitbekommen, dass ein Schuppentier hinter seinen Schuppen unbezwingbar ist. Allerdings schien das die Katze nicht weiter zu beeindrucken.

»Hör doch auf damit«, sagte sie. »Ich werde dich schon nicht verspeisen.«

»Und wenn vielleicht doch?«, sagte das Schuppentier im Schutz seines Panzers.

»Aber nein, hier werde ich jeden Tag gefüttert; ich habe fast nie Zeit, Hunger zu kriegen, und wenn ich doch mal welchen habe, brauche ich nur ein Weilchen zu warten.«

Das Schuppentier schob seine Schuppen ein wenig auseinander und sah, dass die Katze ziemlich dick war. Man hätte sie sogar fett nennen können. Hunger schien sie schon lange nicht mehr zu kennen. Es rollte sich noch ein wenig mehr auseinander, um die Katze besser betrachten zu können.

»Und außerdem bist du mit dem Sohn meines Frauchens befreundet. Wenn ich dir etwas antäte, würde mir das nur Scherereien einbringen.«

»Dein *Frauchen*?!«

»Ja, die Frau, die mich füttert und die es so liebt, wenn ich schnurrend auf ihrem Schoß liege.«

»Ähm«, fragte das Schuppentier, »*was* machst du auf ihrem Schoß?«

»Na, das hier«, sagte die Katze und gab ganz sanfte Schnarchlaute von sich. Das Schuppentier sagte sich, dass es zum Schnurren nie imstande sein würde. Es war ihm schon aufgefallen, dass sich die Frau immer ein Stück von ihm entfernt hielt. Angst schien sie keine zu haben, aber so richtig behaglich war ihr auch nicht zumute.

Der kleine Junge hingegen liebte es, das Schuppentier zu streicheln und mit ihm zu sprechen. Das Tier ließ ihn gern gewähren und legte seine Schuppen glatt an. Und manchmal, wenn der Junge es auf dem Boden abgesetzt hatte, sträubte es die Schuppen und richtete sich auf den Hinterbeinen auf. Dann kreischte der kleine Junge vor Freude. Er gab ihm jeden Tag kleine Pellets in einem Schüsselchen zu fressen. Für Ameisen war das ein schwacher Ersatz, obwohl der Geschmack vage an den von Termiten erinnerte. So schlecht war es jedenfalls auch wieder nicht, sagte sich das Schuppentier und schob seine Zunge in die Schüssel. »Das ist Vogelfutter«, hatte ihm die Katze gesagt. Das Schuppentier hatte sich auch daran gewöhnen müssen, sein Bedürfnis in einer kleinen Kiste mit Sand zu verrichten. Die Katze hatte ihre eigene Kiste, und als das Schuppentier einmal versucht hatte, sich darin zu erleichtern, hatte sie ihre Krallen ausgefahren. Am Abend schüttete der Vater den Inhalt der Kisten in einen Sack und trug alles fort. Das Schuppentier fragte sich, was er wohl daraus machte. Vogelfutter vielleicht?

Die Mutter war oft zu Hause. Der Vater ging früh am Morgen los und nahm den kleinen Jungen mit. Spät am Abend kam er wieder heim. Am Nachmittag verließ die Mutter die Wohnung und kehrte mit dem kleinen Jungen zurück. Sie machte ihm etwas zu essen, gab ihm zu trinken und sprach viel mit ihm. In dem Blick, den sie auf ihren Sohn richtete, erkannte das Schuppentier das gleiche Leuchten wieder, das es in den Augen des Kleinen gesehen hatte, als es aus dem Korb gezogen worden war: das Leuchten der Liebe.

Am Abend, wenn der Vater nach Hause kam, saßen alle gemeinsam am Esstisch. Das Schuppentier schaute ihnen dabei zu, wie sie miteinander redeten, wie sie aßen und lachten. Dann musste es daran denken, dass es ohne diese Menschen tot gewesen wäre, dort unten auf dem Markt, inmitten von Geschrei und Kotgeruch.

Es verstand ihre Sprache nicht, denn weder es selbst noch seine Eltern hatten je mit Menschen Umgang gehabt. Die Katze aber, deren Ahnen seit grauen Urzeiten mit Menschen zusammenlebten, konnte alles verstehen, und so erklärte sie dem Schuppentier, was Sache war.

»Sie freuen sich, dass wir gut miteinander klarkommen. Am Anfang wollte die Mutter kein Schuppentier in der Wohnung haben, aber der kleine Junge redete jeden Tag davon.«

»Und der Vater?«

»Der sagte ihr, dass es eine gute Tat wäre, ein Schuppentier auf dem Markt zu kaufen, denn damit würde man es retten. Und gute Taten zahlen sich für den aus, der sie vollbringt. Weißt du, auf den Märkten gibt es auch Leute, die Käfigvögel kaufen, um sie freizulassen.«

Das Schuppentier war angesichts dieser Enthüllungen höchst verblüfft, und doch versuchte es, der Katze sein Erstaunen nicht zu sehr zu zeigen, denn es wollte nicht wie ein Dummkopf dastehen.

Am Abend sahen sie zusammen fern, und dank der Erläuterungen der Katze begriff das Schuppentier eine ganze Menge über die Menschen. Es lernte, wie sie in diesen hohen Türmen lebten, die ein bisschen wie riesige Ameisenhaufen waren, und wie sie zu Tausenden die Straßen entlangliefen, nicht viel anders als Ameisenkolonnen. So viele waren es.

Nach und nach gewöhnte sich das Schuppentier an dieses glückliche Dasein: an die Spiele mit dem kleinen Jungen, das Herumspazieren in der Wohnung und das Warten auf die Schüssel mit den Pellets. Es lauschte den Gesprächen der Familie und den Übersetzungen der Katze, und dann ging es schlafen und rollte sich auf einem der Sessel im Korridor zu einer Kugel zusammen. Anfangs hatte der kleine Junge es mit ins Bett genommen, aber dann hatten die Eltern mit lauter Stimme etwas zu ihm gesagt und dem Schuppentier jenen Sessel zugewiesen. Und zunächst hatte es auch dazu geneigt, tagsüber zu schlafen und des Nachts durch die Wohnung zu schlendern, aber das hatte die Katze geärgert. Allmählich hatte es sich auf Nachtschlaf umgestellt, und dann träumte es von herrlichen Ameisenhaufen.

Eines Tages aber wurde alles anders. Der Junge ging nicht mehr mit seinem Vater fort, sondern blieb zu Hause. Die Mutter brachte den Tag damit zu, ihm Bücher zum Lesen zu geben oder ihn etwas an eine kleine Tafel schreiben zu lassen.

»Sie unterrichtet ihn zu Hause«, erklärte die Katze.

»Aber warum denn?«

»Weil die Schulen geschlossen sind.«

Die Katze hatte ihm erläutern müssen, was Unterricht war und was eine Schulklasse. Das Schuppentier wunderte sich, weshalb diese Menschen so viel lernen mussten. Als es selbst noch ganz klein gewesen war und sich auf dem Rücken seiner Mutter festgeklammert hatte, hatte es einfach nur beobachtet, wie sie die Ameisenhaufen und Termitenhügel aufgegraben hatte, um an Nahrung zu gelangen. Es hatte noch nicht aufgehört, an ihren Zitzen zu saugen, als es selbst schon die ersten Insekten fraß. Anders als der kleine Junge hatte es seinen Vater nie kennengelernt, aber genau wie er war es ein Einzelkind, das die ganze Liebe seiner Mutter empfangen hatte. Eines Tages war sie verschwunden, und das Schuppentier hatte im Wald vergeblich nach ihr gesucht. Weil in dieser Gegend Menschenstimmen zu hören gewesen waren, hatte es geahnt, was seiner Mutter widerfahren war. Es mochte gar nicht daran denken.

Und dann blieb auch noch der Vater des kleinen Jungen zu Hause. Einen großen Teil des Tages verbrachte er vor einem Bildschirm, der kein Fernseher war, sondern ein Computermonitor.

Am Abend aber saßen dann doch wieder alle vor dem Fernseher. Wie seltsam, die Straßen hatten sich von all diesen Menschen geleert. Alle hatten sich in ihre gewaltigen Termitenhügel zurückgezogen. Der kleine Junge und seine Eltern sahen sich diese Bilder schweigend an. Das Schuppentier war beinahe sicher, auf ihren Gesichtern Traurigkeit zu erkennen, ja sogar Angst.

»Das ist eine Epidemie«, meinte die Katze.

»Eine *was*?«

Schon wieder ein neues Wort. Die neuen Wörter schienen aus dem Mund der Katze wie eine Kaskade hervorzuschießen; es war anstrengend, ihr zuzuhören.

»Es ist eine Krankheit, die von einem Menschen auf den nächsten überspringt, und am Ende haben sie alle.«

Das Schuppentier sagte sich, dass seine Artgenossen wirklich Glück hatten. Weil es so wenige von ihnen gab, begegneten sie einander fast nie, und so bestand keine Gefahr, dass sie sich Krankheiten übertrugen. Es sann noch darüber nach, als im Fernseher plötzlich ein neues Bild erschien: ein Schuppentier, genau von seiner Art! Man konnte ihm dabei zusehen, wie es bedächtig einen Termitenhügel aufgrub; es schien gar nicht zu merken, dass es beobachtet wurde. Und dann ein anderes Bild – Fledermäuse, die in dichten Trauben an der dunklen Decke einer Höhle hingen. Das Licht, mit dem man sie anstrahlte, ließ ihre Augen rot aufleuchten.

»Warum zeigt man die?«, fragte das Schuppentier die Katze, die sich ausnahmsweise still verhielt und nichts erklärte.

Danach erschienen andere, schreckliche Bilder – ein Markt wie der, auf den man das Schuppentier geschafft hatte, mit Tieren, die in Körben steckten, und anderen, die tot dalagen und schon halb zerlegt waren. Im Fernsehen hörte man die Schreie nicht, und auch der Geruch drang nicht herüber, aber trotzdem war das Schuppentier ganz erschüttert.

Schließlich sagte die Katze doch etwas: »Die Krankheit soll von Schuppentieren wie dir kommen – oder vielleicht von Fledermäusen.«

»Aber ich bin doch gar nicht krank!«

»Ist auch gar nicht nötig. Dich selbst macht die Krankheit nicht krank.«

»Und was werden sie nun mit uns machen?«

Das Schuppentier sagte sich, dass diese unzähligen Menschen vielleicht eine furchtbare Idee ausbrüten könnten, zum Beispiel, alle Schuppentiere der Welt zu töten.

»Zumindest werden sie schon mal damit aufhören, Schuppentiere zu essen, diese Idioten«, sagte die Katze.

»Und dann?«

In diesem Moment wurde dem Schuppentier bewusst, dass die

Familie nicht mehr auf den Fernsehbildschirm schaute. Es sah, dass sich alle Blicke auf es selbst richteten. Schließlich sagte der Vater etwas, und der kleine Junge stieß einen Schrei aus, sprang von seinem Stuhl auf und schloss das Schuppentier in die Arme. Weinend drückte er es an sich. Die Katze sagte noch immer kein Wort, obwohl das nun wirklich der passende Moment für eine Erklärung gewesen wäre.

Die Mutter redete hastig auf den Vater ein, und der erwiderte ihr etwas, wobei er ein wenig zornig klang.

»Was sagen sie denn bloß?«, fragte das Schuppentier die Katze, und noch immer hielt der kleine Junge es fest in den Armen, und es spürte, wie ihm seine Tränen auf die Schuppen tropften.

Die Katze schaute ihn an.

»Der Vater sagt, sie müssen dich loswerden.«

Die Mutter redete noch immer auf den Vater ein, und der Junge hörte nicht auf zu weinen. Der Vater aber sagte nun gar nichts mehr.

»Also, die Mutter meint: Wenn du krank wärst, hättest du ihnen die Krankheit doch schon vor einer Ewigkeit übertragen.«

Das Schuppentier sprang dem kleinen Jungen aus den Armen, stellte sich wie ein Drachen auf die Hinterbeine und ließ seine Schuppen auf und ab wogen. Es wollte den Menschen zeigen, dass es bei bester Gesundheit war. In den Blicken der Eltern las es großes Erstaunen, während der kleine Junge unter Tränen lachen musste.

Das Leben ging weiter, aber es war nicht mehr wie früher. Der kleine Junge nahm das Schuppentier nicht mehr in die Arme, es sei denn, er konnte sicher sein, dass die Eltern es nicht sahen. Nun war es die Mutter, die dem Schuppentier die Pellets verabreichte. Abends sahen sie immer noch gemeinsam fern, und auch ohne die Erklärungen der Katze begriff das Schuppentier, dass sich die Dinge nicht zum Besseren wandelten. Man sah Menschen auf

Betten ausgestreckt liegen, auf ihren Gesichtern hatten sie merkwürdige Masken, und dann gab es weinende Familien, und es war das gleiche Weinen und Klagen, wie es sich einst von dem Dorf im Wald aus verbreitet hatte. Man sah auch menschenleere Großstädte in Weltteilen, von denen das Schuppentier nicht einmal im Traum etwas geahnt hatte, und die Katze sagte ihm die Namen der Länder auf.

Eines Morgens pochte jemand an die Tür. Das war seltsam, es gab doch eine Klingel, weshalb musste man da so laut klopfen?

»Das ist die Polizei!«, flüsterte die Katze.

Das Schuppentier hatte gerade erst begonnen, über die Bedeutung dieses Wortes nachzusinnen, als der kleine Junge es auch schon packte. Er trug es in die Küche, öffnete das Fenster und setzte es auf einer Art von kleinem Balkon ab, auf dem nur Platz für eine Topfpflanze war. Dies war ein erstaunlicher Ort; man konnte die Stadt mit ihren hohen Türmen sehen und ganz unten die leeren Straßen. Die kühle Luft war angenehm, und selbst wenn es für den Geschmack des Schuppentiers ein wenig kalt war, tat es doch gut, sich die Sonne auf die Schuppen scheinen zu lassen. Es war kurz vor dem Einschlafen.

»Rühr dich nicht vom Fleck!«, tönte eine Stimme neben ihm. Es war die Katze, die ihren Kopf aus dem Fenster gesteckt hatte.

»Was ist hier los?«

»Die Nachbarn haben gemeldet, dass du hier wohnst. Also ist die Polizei gekommen, um dich zu holen.«

»Und werden sie mich finden?«

»Nein, sie sind schon wieder weg. Die Mutter hat gesagt, sie hätten dich schon aufgegessen.«

Für das Schuppentier war das eine ganz fürchterliche Vorstellung. Wie hatten diese Leute, die so gut zu ihm gewesen waren, an so etwas auch nur *denken* können?

»Überleg doch mal, du Blödian. Das war die einzige Möglichkeit, ihnen weiszumachen, dass du nicht mehr in der Wohnung bist.«

Und so ging das Leben weiter, aber es war schon wieder nicht wie vorher. Das Schuppentier wurde in der Küche eingesperrt, denn von hier aus konnte man es am schnellsten auf dem kleinen Balkon verstecken.

»Sie fürchten, die Polizei könnte unangemeldet wiederkommen«, erklärte die Katze. »Der Vater meint, sie hätten ihnen die Geschichte nicht abgenommen. Sie denken, man versteckt dich irgendwo.«

Der kleine Junge leistete ihm Gesellschaft, er machte seine Hausaufgaben jetzt immer am Küchentisch. Das Schuppentier achtete darauf, der Mutter nicht zwischen die Beine zu geraten, wenn sie das Essen zubereitete. Auch die Katze kam manchmal zu Besuch und brachte Neuigkeiten mit.

»Deine Krankheit hat sich inzwischen über die ganze Welt ausgebreitet.«

»Aber ich habe dir doch schon gesagt, dass ich nicht krank bin!«

»Na ja, vielleicht war es tatsächlich die Fledermaus. So genau wissen sie das nicht.«

Das Schuppentier erinnerte sich daran, wie manche Ameisenhaufen nach Fledermausurin gerochen hatten. Wenn die Fledermaus eine Krankheit gehabt hätte, dachte es, dann wäre sie ganz bestimmt auf mich übergesprungen. Langsam begann sich das Schuppentier um die Familie Sorgen zu machen. Wenn es die Krankheit nun doch an diese Menschen weiterreichte?

»Wenn das passiert, ist es ihr Problem«, sagte die Katze, »schließlich haben sie dich ja hergeholt. Aber ich müsste mir eine andere Familie suchen.«

Das Schuppentier fand wieder einmal bestätigt, was es schon seit seiner Ankunft dachte: Diese Katze war zwar nicht so wild und gefährlich wie die Katzentiere im Dschungel, aber besonders sympathisch war sie auch nicht.

Die Vorstellung, die Krankheit zu übertragen, bereitete ihm wirklich Sorgen, und wenn der kleine Junge es hochnehmen wollte, entwand es sich seiner Umarmung.

»Es reicht!«, sagte der kleine Junge eines Tages zornig, als das Schuppentier seine Schuppen aufgestellt hatte, um sich nicht in die Arme nehmen zu lassen.

»Was ist denn los?«, fragte die Mutter, die gerade in die Küche getreten war.

Der kleine Junge zögerte einen Moment, und dann sagte er: »Es will sich nicht mehr hochnehmen lassen!«

Die Mutter schaute das Schuppentier an, und das Schuppentier schaute die Mutter an. Für einen Augenblick hatte es das Gefühl, sie könnte es verstehen. Das war ja auch kein Wunder, denn sie beide hatten den kleinen Jungen sehr gern.

»Es hat recht«, sagte die Mutter. »Dein Schuppentier hat recht.«

Sie schaute noch einmal auf das Tier und verließ dann die Küche. Man konnte hören, wie sie mit dem Vater sprach.

Das Leben ging weiter. Die Familie hatte ihm wieder Zutritt zum Wohnzimmer gewährt, damit es mit der Katze fernsehen konnte. Die Lage schien sich gebessert zu haben, zumindest in dem Teil der Welt, in dem sie sich befanden.

»Es heißt, dass die Epidemie bald vorbei ist«, sagte die Katze.

»Dann müssen sie mich also nicht mehr verstecken?«

»Ah, von wegen! Nun haben doch alle Leute Angst vor dir.«

Den Leuten Furcht einflößen – das war mal etwas ganz Neues. Das Schuppentier wusste, was Angst ist, aber es hatte sich immer mit einer Spur von Traurigkeit gesagt, dass es selbst niemandem Furcht einflößen konnte als den Ameisen und Termiten.

»Weißt du«, sagte die Katze, »das ist doch besser so. Denn

wenn sie vor Schuppentieren keine Angst mehr haben, möchten sie wieder damit beginnen, euch aufzuessen.«

»Aber warum denn? Schmeckt unser Fleisch den Menschen so gut?«

»Glaub ich nicht. Ich denke, du schmeckst nicht besser als eine große Ratte mit Schuppen.«

Das Schuppentier war über diesen Vergleich beleidigt, aber weil es nicht wusste, ob es die Katze darauf angelegt hatte, sagte es nichts.

»Eigentlich sind es deine Schuppen«, fuhr die Katze fort.

»Meine Schuppen?«

Das war doch absurd. Wenn es einer Großkatze im Dschungel gelang, ein Schuppentier zur Strecke zu bringen, fraß sie alles außer den Schuppen. Warum sollten die Menschen, die doch sicher intelligenter waren, ausgerechnet Schuppentierschuppen essen?

»So intelligent sind sie gar nicht«, sagte die Katze. »Weil deine Schuppen sehr widerstandsfähig und beständig sind und weil sie dich so gut schützen, denken die Leute, sie müssten bloß ein Pulver daraus machen und es herunterschlucken, um genauso stark und widerstandsfähig zu werden wie diese Schuppen.«

Wenn ihm das jemand erzählt hätte, der nicht so schlau war wie die Katze (die Fledermaus beispielsweise), dann hätte das Schuppentier es nicht geglaubt. Denn diese Menschen, die so intelligent waren, dass sie all die außergewöhnlichen Dinge herstellen konnten, die das Schuppentier in der Wohnung entdeckt oder vom kleinen Balkon aus gesehen hatte – in der Ferne hatte es sogar große Vögel erblickt, in denen die Leute reisten, ja es selbst war schon einmal darin gereist, eingesperrt in einen kleinen Korb –, wie konnten sie nur an etwas derart Blödsinniges glauben?

»Wem sagst du das?«, meinte die Katze. »Zum Glück sind sie noch nicht auf die Idee gekommen, Katzenaugen zu essen, um nachts besser sehen zu können.«

Sie saßen auch weiterhin vor dem Fernseher. Durch die Straßen der Großstädte strömten nun wieder Menschenmassen. Auf dem Bildschirm sah man häufig Leute, die redeten und redeten und sich sogar stritten. Die Katze übersetzte ihm nicht alles, denn das wäre zu mühselig gewesen.

Aber trotzdem wollte das Schuppentier wissen, worum es ging.

»Was sagen diese Leute?«

»Sie sagen, dass sich alles ändern wird.«

»Was genau wird sich ändern?«

»Zunächst mal werden sie beispielsweise weniger umherreisen, sich weniger Zeug kaufen und weniger Wälder abholzen.«

»Das ist doch eher eine gute Nachricht.«

»Na ja ...«

Die Katze leckte sich ihre Pfoten. Das Schuppentier hatte schon bemerkt, dass sie das immer tat, wenn sie nachdenken musste.

»Wieso *na ja*?«

»Sie werden trotzdem wieder damit anfangen«, sagte die Katze. »Am Ende werden sie genauso weitermachen wie vorher!«

Das Schuppentier war damit nicht einverstanden. Die Menschen waren doch klug, und manche von ihnen, diese Familie zum Beispiel, waren sogar voller Güte. Sie würden sich ganz bestimmt ändern.

»Wir leben schon so lange mit ihnen zusammen«, sagte die Katze, »wir kennen sie in- und auswendig. Sobald sich die Lage bessert, fangen sie wieder so an wie früher.«

Wenn sie darüber öfter gestritten hätten, wäre das sehr belastend gewesen, und so schnitten sie das Thema lieber nicht wieder an. Das Schuppentier glaubte immer noch, dass die Menschen es schaffen würden, sich zu ändern; dabei dachte es an die Familie, die es gerettet hatte und trotz der Ansteckungsgefahr weiterhin versorgte, um dem kleinen Jungen keinen Kummer zu machen. Leuten wie diesen wäre die Zukunft ihrer Kinder doch bestimmt nicht egal, und sie wären bereit, ihre Gewohnheiten zu ändern. Andererseits war ihm aber auch klar, dass die Katze und ihre Vorfahren die Menschen schon so lange kannten.

Eines Abends hatte sich die ganze Familie im Wohnzimmer versammelt; sie redeten miteinander und schauten immer wieder zum Schuppentier hin. Der kleine Junge sah sehr traurig aus, und das Schuppentier fühlte die Unruhe in sich wachsen.

»Sie sagen, dass sie dich nicht hierbehalten können«, meinte die Katze. »Am Ende werden es die Leute rauskriegen.«

»Was werden sie mit mir machen? Sie werden mich doch nicht wieder auf den Markt tragen?«

»Aber nein, du Blödian. Übrigens ist der Markt sowieso zu.«

»Und was dann?«

»Sie wollen dich wieder in den Wald bringen.«

Das Schuppentier verspürte in sich ein ganz merkwürdiges Gefühl, etwas, das es nie zuvor empfunden hatte: Einerseits freute es die Vorstellung, bald wieder im Wald zu sein, die Jagd auf Termiten und Ameisen wiederaufzunehmen und in der Abenddämmerung herumzuspazieren, aber zugleich war es traurig, wenn es daran dachte, dass es diese Familie nie wiedersehen sollte. Der liebevolle Blick des kleinen Jungen würde nicht mehr auf ihm ruhen, es gäbe keine Abende vor dem Fernseher mehr, und sogar die Gespräche mit der Katze würden ihm fehlen.

»Morgen ist es so weit«, sagte die Katze.

Das Auto hatte auf einer kleinen Straße mitten in einem Wald angehalten. Es war nicht der Wald, aus dem das Schuppentier stammte, aber es erkannte die gleichen Arten von Bäumen und Sträuchern. Ganz sicher würde es in dieser Gegend auch Ameisen und Termiten geben.

Der kleine Junge nahm es in die Arme, und das Schuppentier

ließ ihn gewähren. Er stieg aus dem Auto und ging ein paar Schritte zwischen die Bäume hinein. Das Schuppentier blickte ihm über die Schulter und sah den Vater und die Mutter, die im Auto geblieben waren und zu ihnen hinüberschauten.

Der kleine Junge setzte das Schuppentier auf dem Waldboden ab.

Und dann sprach er zu ihm. Die Katze war nicht da, um zu übersetzen, aber das Schuppentier brauchte sie gar nicht. Es wusste, was ihm der kleine Junge sagte: dass er es immer in Erinnerung behalten werde und ihm alles Gute für sein Leben wünsche. Es stellte sich auf die Hinterbeine und ließ seine Schuppen auf und nieder wogen, und ein letztes Mal sah es den kleinen Jungen durch seine Tränen hindurch lächeln.

Dann ging es davon, immer tiefer in den dichten Wald hinein. Und im Stillen wünschte es auch dem kleinen Jungen viel Glück und hoffte, dass sich die Menschen wirklich änderten.

DREI

Titus und die weiße Frau

Es lebte einmal in einem sehr tiefen und sehr dunklen Wald ein junger Bonobo, der sich langweilte. In der Sprache der Bonobos hieß er Titus.

Sein Vater bemerkte die griesgrämige Miene und hangelte sich zu ihm hinüber.

»Mein Sohn, weshalb ziehst du so ein sauertöpfisches Gesicht? Wir sind von Natur aus gut gelaunt, und mir will nicht einleuchten, weshalb gerade mein Sohn eine Ausnahme von unserem glücklichen Naturell bilden soll.«

Die Bonobos sind die intelligentesten aller Affen, und Sie haben sicher bemerkt, wie verfeinert ihre Sprache ist, selbst in der Übersetzung noch.

»Mir ist langweilig, Papa.«

»Langweilig? Aber warum denn? Schau dich doch einmal um«, sagte sein Vater und deutete auf die jahrhundertealten Bäume, die um sie herumstanden. Sie ragten himmelwärts, und ihr dichtes Laubgewölbe spendete in den heißen Stunden willkommenen Schatten.

»Ich kenne diesen Wald, Papa.«

»Ja, und er liefert uns alles, was wir brauchen – Früchte, Honig, Eier und manchmal sogar ein Flughörnchen. Hier ist es so einfach, Nahrung zu finden. Du zum Beispiel hast niemals erlebt, was es heißt zu hungern.«

»Ja, das stimmt.«

»Und vor allem müssen wir die Nahrung nicht erst tagelang

suchen – dieser Wald ist so reichhaltig, dass er uns viel Zeit dafür lässt, unseren Spaß zu haben.« Während er dies sagte, wies er auf ein paar Bonobos in Sichtweite, die tatsächlich gerade ihren Spaß hatten, indem sie Luftsprünge vollführten oder sich anderen Spielen hingaben, mit denen sie ihren Ruf unübersehbar untermauerten. Bei den übrigen Affen galten sie nämlich als unermüdliche Liebhaber.

»Das ist ja wahr, Papa, aber ich habe Lust auf etwas anderes. Immerzu hier rumzusitzen, ist mir zu blöd.«

Dem Vater wurde es allmählich zu viel.

»Du würdest nicht so reden, wenn du den Wald gekannt hättest, aus dem wir in meiner Kindheit aufgebrochen sind. Er war voller Leoparden, und man musste immer oben in den Ästen bleiben. Aber da fand man nicht so viel Nahrung und hatte nie Zeit, sich zu vergnügen. Und vor allem die Angst, wenn es dunkel wurde …«

»Ich weiß, das hast du mir schon erzählt.«

»Mag sein, aber vermutlich nicht anschaulich genug. Andernfalls würdest du dich nicht darüber beklagen, in diesem Paradies zu leben.«

»Aber ich beklage mich doch gar nicht, ich habe einfach nur Lust, mich mal woanders umzuschauen.«

»Woanders?«, fragte der Vater mit einem Anflug von Entrüstung. »Aber wo denn?«

»Ich weiß nicht, ich möchte gern reisen und etwas Neues sehen.«

»Du willst diesen Wald verlassen?«

»Vielleicht …«

»Willst du etwa in die Savanne gehen?«

»Wenigstens mal für einen Streifzug.«

»Was sind das bloß für Flausen! Die Savanne, das ist die Hölle! Selbst die großen Raubtiere, die Geparden und Löwen (vor allem die Löwinnen übrigens), müssen pausenlos auf die Jagd gehen, um nicht zu verhungern. Die Antilopen und Gnus sind ständig auf der Suche nach Weideflächen und müssen immerfort Angst haben, von einem Raubtier gepackt und verschlungen zu werden. Hunger oder Angst – das ist ihr Los, mein Sohn! Nur die ganz, ganz Großen, die Elefanten, Nashörner oder Flusspferde, haben ein einigermaßen annehmbares Leben.«

»Ich könnte mich ja mit einem Elefanten anfreunden.«

Der Vater verdrehte die Augen und rief: »Das ist zu viel für mich! Ich ertrage es nicht, dass mein geliebter Sohn solch absurden Träumereien nachhängt!«

»Darf ich dir nicht sagen, wovon ich träume?«

Der Vater seufzte. »Doch, natürlich, aber es beunruhigt mich, dir zuzuhören. Du willst dein Glück anderswo suchen, während es doch schon hier ist, in deinem heutigen Leben. Du müsstest nur Augen dafür haben ... Ach, schau doch mal, da kommt eine, die bestimmt keine Langeweile hat und die vielleicht möchte, dass auch du dich nicht langweilst!«

Ein junges Bonoboweibchen namens Lisette hatte sich ihnen lächelnd genähert, und aus ihren Bewegungen ging eindeutig hervor, dass sie bereit war, sich mit Titus ganz ernsthaft zu amüsieren.

»Bah, ich kenne sie doch; wir haben es schon mehrmals miteinander gemacht.«

»Aber genau das beweist doch, dass es zwischen euch gut läuft, oder?«

»Kann sein, aber es ist immer das Gleiche.«

Und schon sprang Titus davon und ließ seinen Vater besorgt und Lisette schwer enttäuscht zurück.

Er beschloss, im Wald eine kleine Runde zu drehen; ein Hörnchen zu fangen, wäre immerhin eine Abwechslung gewesen. Aber auch dies war immer dasselbe, und überhaupt verspürte er an jenem Tag nicht einmal Hunger, denn am Abend zuvor hatte er ein Festmahl aus reifen Mangos gehabt.

Als er so von Ast zu Ast spazierte, was die beste Methode war, um keinen Schlangen zu begegnen, sagte er sich, dass sein Vater vielleicht recht hatte. Was wollte er denn noch mehr?

Er wusste es selbst nicht so richtig, aber er verspürte eine Lust auf neue Dinge, auf eine andere Art Leben; er hatte das Gefühl, dass es ihn in ein tristes und reizloses Dasein einschließen würde, wenn er in diesem Wald bliebe. Wie er so etwas denken konnte, verstand sein Vater auch nicht besser als die anderen Erwachsenen, mit denen er darüber gesprochen hatte. Sie waren sogar schockiert über seine Worte gewesen.

Seine gleichaltrigen Freunde verstanden ihn schon besser: Manche von ihnen verspürten ebenfalls den Drang, sich anderswo umzuschauen, aber sie redeten nicht so oft darüber. Sie fanden sich leichter als er mit ihrem Leben in diesem Wald ab. »Einverstanden, hier ist es nicht ideal, man langweilt sich schon ein bisschen, vor allem, wenn man die Alten reden hört. Aber du denkst zu viel, Titus, du denkst entschieden zu viel … Teste doch lieber mal, ob die junge Kunigunde dort wirklich so gut drauf ist, wie es den Anschein hat!« Aber egal ob Kunigunde, Lisette oder ihre Freundinnen – für Titus war das alles nicht ausreichend, um das Leben interessant zu finden.

Er fand sogar, dass es etwas leicht Entwürdigendes hatte, sich pausenlos in Liebesspielen zu verlieren. Als würde das genügen, um dem Leben einen Sinn zu geben. »Ich bin einfach nicht wie die anderen«, sagte sich Titus mit einer Mischung aus Traurigkeit und Stolz. Er hatte das verworrene Gefühl, dass er dazu fähig war, in seinem Leben große Dinge zu vollbringen. Das Problem war nur, dass er sich überhaupt nicht ausmalen konnte, welche das sein sollten.

Gerade kletterte er lustlos in die Krone eines großen Baums hinauf, als er sah, wie sich unter ihm in der Strauchschicht etwas rührte. Er zuckte zusammen und hielt inne, plötzlich sehr beunruhigt. Wenn das nun ein Leopard war?

Leoparden waren hier die einzigen Raubtiere, und sein Vater hatte sie bei seiner idyllischen Beschreibung des Waldes unerwähnt gelassen. Wahrscheinlich wollte er nicht an ein schreckliches Vorkommnis erinnern: Die Mutter von Titus war auf diese Weise verschwunden; eine Raubkatze hatte sie fortgeschleppt. Er war damals noch ein Baby gewesen und hatte keine Erinnerung daran bewahrt. Später hatte ihm sein Vater erzählt, dass die Mutter sich dem Leoparden, der den kleinen Titus gerade zwischen seinen Kiefern davontragen wollte, in den Weg geworfen hatte. Am Ende war die Wahl des Raubtiers auf sie gefallen.

Aber von diesen schrecklichen Tieren gab es hier nur wenige, und wenn man einem von ihnen über den Weg lief, war das wirklich Pech. Sobald man die Gegenwart eines Leoparden erahnte, genügte es schon, in die oberen Stockwerke der Bäume zu klettern; dort war man vor ihnen sicher. Meist griffen die Raubkatzen lieber Okapis an oder andere Tiere, die nicht in die Bäume klettern konnten. Die Unglücklichen!

Titus ließ das Gesträuch nicht aus den Augen.

Nach einer Weile kam ein runder Kopf zum Vorschein. Einer seiner Freunde, der ihm gefolgt war? Aber nein … Unerhört! Ein solches Geschöpf hatte Titus noch nie gesehen!

Ganz wie er selbst hatte es einen Kopf und zwei Arme, an denen sich Hände befanden, aber seine Haut war glatt und braun, und außer auf dem Kopf sah man überhaupt kein Fell. Ein Bonobo war es jedenfalls nicht; es war größer, größer noch als ein Schimpanse, aber wiederum nicht so groß wie ein Gorilla, auch wenn es ziemlich muskulöse Schultern hatte.

Titus konnte sich nicht enthalten, einen Warnschrei auszustoßen, aber schon im selben Augenblick dachte er, dass Schweigen klüger gewesen wäre. Das Geschöpf hob den Kopf. Titus sah, wie es seine Augen auf ihn richtete, und gleich darauf erschien auf dem Gesicht dieses seltsamen Wesens ein sehr weißes Lächeln. So weiße Zähne hatte er noch nie gesehen! Das Geschöpf oder vielmehr der Mann, denn Titus hatte das unklare Gefühl, dass es sich um ein Männchen jener Art handelte, rief etwas, und ein weiteres Geschöpf erschien auf der Bildfläche. Der junge Bonobo war gleich doppelt überrascht, denn dieses Wesen hier hatte eine sehr blasse Haut, sein Kopf war mit einer Art Nest aus Stroh bedeckt, und auch sein Blick war anders: Es hatte blaue Augen! Und beinahe seine ganze Haut wurde nicht von einem Pelz bedeckt, sondern von Schichten aus unbekanntem Material. Vielleicht hatte man dafür Blätter zurechtgeschnitten? Das Geschöpf lächelte, sobald es seiner ansichtig wurde, und ohne zu wissen, warum, erriet Titus, dass es ein Weibchen jener Art war.

Er hatte von neuen Erlebnissen geträumt, aber der Anblick dieser beiden Geschöpfe übertraf alles, was er sich hätte ausmalen können!

Er sprang auf einen anderen Baum und verschwand aus ihrem Blickfeld, wobei er das unerquickliche Gefühl hatte, die Flucht zu ergreifen. Wäre er geblieben, hätte er Folgendes mit anhören können:

»Ich bin sicher, das war einer, Kenza!«, sagte die junge Frau.

»Nicht vielleicht ein Schimpanse?«, sagte ihr Begleiter.

»Nein, das Gesicht war dunkler«, meinte Eleanor, »und er war auch kleiner als ein Schimpanse. Die Augenbrauenbogen traten nicht so stark hervor, und …«

»Also ein Verwandter der Schimpansen!«

»Ja, genau.«

»Und damit auch für uns ein neues Familienmitglied«, sagte Kenza und lachte schallend los.

Titus lief zurück zu den Seinen, die sich noch immer amüsierten (und zwar auf die übliche Art und Weise) oder aber überhaupt nichts taten. Noch ganz aufgeregt erzählte er seinem Vater von der Begegnung.

»Wir werden mit Cantor darüber sprechen«, sagte der.

Cantor war der Stammesälteste. Er war sehr ruhig und hielt sich oft abseits. Seine einzige Vergnügung schien darin zu bestehen, den ganz kleinen Bonobos beim Spielen zuzuschauen. Wenn so ein Äffchen zu wild und ausgelassen war oder aber im Gegenteil allzu still, holten sich die Mütter bisweilen Rat bei ihm.

Titus und sein Vater machten sich also auf die Suche nach Cantor. Sie fanden ihn auf einer kleinen Anhöhe, von der aus er in die Ebene schaute, die man durchs Blattwerk der Bäume hindurch in der Ferne ausmachen konnte.

Cantor hörte Titus aufmerksam zu und verkündete dann seine Schlussfolgerung. »Das sind Menschen«, sagte er, »genauer gesagt ein Mann und eine Frau, so nennt man das bei ihnen. Eigentlich sind sie unsere Verwandten …«

»Unsere Verwandten? Aber woher kommen sie?«

Cantor erklärte, dass der mit der dunklen Haut vermutlich aus der Ebene stammte, wo er zusammen mit anderen in Schutzhütten lebte. Die weiße Frau hingegen kam von viel weiter her, von jenseits der großen, großen Seen, die bei den Menschen »Meer« hießen. Als Kind war Cantor schon einmal einer solchen Frau begegnet, und auch sie war von einem einheimischen Mann begleitet worden.

»Sie war ganz nett. Sie ließ uns nahe herankommen und hielt uns Früchte entgegen. Eines Tages hat sie mich sogar in die Arme genommen«, sagte Cantor mit einem melancholischen Lächeln.

»Und diese hier«, fragte Titus, »glaubst du, dass die auch nett ist?« Er schämte sich schon ein bisschen, so schnell die Flucht ergriffen zu haben.

»Ja, ich denke schon. Wenn nicht, wärst du jetzt tot. Die Menschen jagen mit seltsamen Stäben, die einen mit viel Donner umbringen.«

Und gerade als er diese Worte aussprach, vernahm man ein Donnergetöse in der Ferne, und sogleich antworteten ihm ganz in der Nähe ähnliche Geräusche. Dabei waren am Himmel überhaupt keine Gewitterwolken zu sehen.

»Ein schlechtes Zeichen«, sagte Cantor.

»Wir müssen den Kongress einberufen«, meinte der Vater.

»Also los«, rief Titus, »lasst uns die anderen benachrichtigen!«

Und während er zu der Waldlichtung rannte, auf der sich die anderen aufhielten, sagte er sich: »Toll, endlich etwas Neues!«

Und dieses Neue war die Vollversammlung der Affen.

Achtung, sie wären beleidigt gewesen, wenn man sie »die Affen« genannt hätte, denn mit diesem Begriff hätte man sie alle in einen Topf geworfen, während doch jede Gruppe – Schimpansen, Gorillas und Bonobos – ganz anders als die anderen zu sein glaubte und sie mit Herablassung ansah. Die Schimpansen betrachteten die Bonobos als degenerierte Verwandte, die ihre Zeit damit verbrachten, sich zu amüsieren und ständig Liebe zu machen, statt sich den interessantesten Dingen im Leben zu widmen, nämlich der Politik und dem Streben nach Macht. Was die Gorillas anging, so musste man zugeben, dass sie wirklich athletisch waren, aber gleichzeitig waren sie mit ihrer Praxis des Harems, durch die nur das dominante Männchen auf seine Kosten kam, auch so was von rückschrittlich! Und ihr vegetarischer Speisezettel war einfach nur zum Heulen – auch wenn er den anderen Männchen offenbar dabei half, die Keuschheit besser zu ertragen.

Die Gorillas wiederum zahlten ihnen die Verachtung mit gleicher Münze heim. Sie hielten die Schimpansen für eine streitsüchtige Art, die ihre Zeit mit Rivalitäten, Bündnissen und Verrat vergeudete. Manchmal ging es bei ihnen bis zum Mord, während unter den Gorillas Ordnung und Friede herrschten, denn jeder wusste, wo sein Platz war, solange das dominante Männchen seine Stärke bewahrte.

Die Bonobos schließlich fanden, dass alle anderen echt zurückgeblieben waren; sie hatten nämlich schon lange begriffen, dass Macht zu nichts führte, wenn es jedem freistand, mit jedem zu schlafen, und dass das Leben auf diese Weise viel reizvoller war.

Aber gut, auch wenn sich diese drei Gruppen nicht besonders schätzten, waren sie doch Verwandte, und es gab den Brauch, dass sie sich in wichtigen Problemfällen, welche die ganze Gemeinschaft betrafen, versammelten.

Sie hatten sich bei einer kleinen Lichtung zusammengefunden und teilten sich dort den Platz wie in einem Theater: Die Gorillas blieben am Boden und kauten schweigend Blätter, die Schimpansen schnatterten auf den unteren Ästen herum, und weiter oben saßen die Bonobos, die lieber auf Distanz zu ihren größeren und ungehobelteren Verwandten blieben.

Nach den üblichen Begrüßungen trat Cantor in die Mitte der Lichtung und stellte Titus den anderen vor.

Der fühlte sich sehr eingeschüchtert vor einer solchen Versammlung, vor allem angesichts der Gorillas, die er noch nie in so großer Zahl gesehen hatte. Er fand sie beunruhigend mit ihren seltsamen Augen, die ganz eingesunken in den Augenhöhlen lagen und deren Ausdruck man nichts entnehmen konnte. Aber vor allem beunruhigte ihn ihre schiere Größe. Er wusste, dass sie friedfertig waren – anders als die Schimpansen, diese wahren Ganoven, vor denen man sich stets in Acht nehmen musste –, und trotzdem schüchterten sie ihn ein.

Zum Glück saß sein Vater hinter ihm, und als Titus seinen ermunternden Blick auf sich ruhen spürte, half ihm das, ohne Zittern von seiner morgendlichen Begegnung zu berichten. Während er sprach, nickten die ältesten Zuhörer aus der Runde. Sie waren bereits Menschen begegnet.

»Aber diese beiden wollen uns nichts Böses«, fügte Cantor hinzu. »Als ich jung war, habe ich welche von dieser Art kennengelernt … Eigentlich sind sie unsere Verwandten.«

Ein überraschtes Murmeln zog durch die Versammlung. Unsere Verwandten? Cantor hatte eine merkwürdige Sichtweise.

Titus jedoch war von seinen Worten überzeugt. »Sie haben Hände wie wir«, rief er aus, »und einen runden Kopf!«

»Und sie sind intelligent«, sagte Cantor. »Was sie alles bei sich hatten …«

Aber einer der Anführer der Schimpansen fiel ihm rüde ins Wort: »Na schön, das sind deine Jugenderinnerungen – aber wie können wir sicher sein, dass auch diese beiden friedlich sind?«

»Sie haben Titus nichts getan.«

»Pah«, sagte der Schimpanse, »vielleicht war er für sie eine zu mickrige Beute. Und gerade vorhin haben wir diesen seltsamen Donner gehört, der immer von den Menschen kommt.«

»Das kam aus einer anderen Richtung, ganz bestimmt nicht von den beiden.«

»Wart nur ab, bis auch sie damit anfangen!«, fuhr der Schimpanse in einem Ton fort, den Titus einem Stammesältesten wie Cantor gegenüber für respektlos hielt.

Da aber unterbrach sie der Anführer der Gorillas, ein mächtiger Silberrücken, den selbst die anderen Gorillas sehr beeindruckend fanden.

»Wir haben ein Problem«, sagte er mit seiner Grabesstimme. Und dann schwieg er. Er hätte das weiter ausführen sollen, aber Gorillas sind nicht so gesprächig und vielleicht sogar ein bisschen langsam, und alle wussten, dass man sie wirklich bitten musste, damit sie ihre Gedanken äußerten.

Dies übernahm am Ende das älteste Bonoboweibchen.

»Was für ein Problem? Ist die Krankheit zurückgekommen?«

»Die Krankheit?!«, ging ein Raunen durch die Anwesenden, und ein Schaudern überlief sie.

Einige Jahre zuvor, Titus war längst noch nicht geboren, hatten sich die Gorillas nämlich eine ganz gemeine Krankheit zugezogen. Es war eine echte Katastrophe gewesen, und mindestens jeder zweite von ihnen war umgekommen, nachdem er Blut gespuckt und erbrochen hatte. Ein wahres Massensterben, das bei den anderen Menschenaffen nicht so heftig ausgefallen war, und dennoch war es allen in schrecklicher Erinnerung geblieben.

Das einzig Gute daran war, dass auch die Menschen von dieser Krankheit ergriffen worden waren, und hinterher waren sie nicht mehr zum Jagen in den Wald gekommen. Deshalb konnten sich heute nur noch die ältesten Affen auf Begegnungen mit Menschen besinnen, und nicht immer waren es solch schöne Erinnerungen wie bei Cantor.

Aber wenn die Krankheit wiederkehrte, würde es für die Gorillas erneut furchtbar sein. Titus spürte, dass die Bonobos und die Schimpansen ebenfalls beunruhigt waren, denn wer konnte schon sagen, dass sie sich diesmal nicht auch anstecken würden?

»Wir haben noch ein anderes Problem«, sagte der Gorilla.

»Ja, was denn für eins? Kannst du nicht ein bisschen mehr sagen, verdammt noch mal?«

Es war schon wieder der unhöfliche Schimpanse, der sich da geäußert hatte. Er war kürzlich zum dominanten Männchen seiner Gruppe aufgerückt, und das war ihm zu Kopf gestiegen. Niemand sonst hätte es gewagt, so respektlos zu einem Gorilla zu sprechen – und schon gar nicht zu diesem hier.

»Die Menschen kommen zurück. Und sie töten sich gegenseitig.«

Man vernahm überraschte Ausrufe. Der Gorilla war nicht gerade redselig, aber in wenigen Worten hatte er viel gesagt. Die Rückkehr der Menschen! Und wie bitte – sie brachten einander um?!

»Woher weißt du das?«, fragte das Bonoboweibchen freundlich.

»Von Verwandten. Die weiter weg wohnen.«

Wir werden jetzt nicht den ganzen folgenden Dialog wiedergeben, denn das würde viel zu lange dauern. Der Gorilla rückte nämlich immer nur auf Nachfrage mit weiteren Auskünften heraus, und auch dann waren es kaum mehr als eine Handvoll Worte.

Um es zusammenzufassen: Die Gorillas aus einem benachbarten Territorium, das nicht weit von dem Gebiet lag, aus dem gerade die Detonationsgeräusche gekommen waren, hatten gesehen, wie Menschen in den Wald vordrangen. Die Gorillas hatten sich schnellstmöglich verzogen, und dann hatten sie eine Menge Donnerlärm gehört und Schreie, und am Ende hatte eine große Stille geherrscht. Als sie vorsichtig nachschauten, was passiert war, hatten sie auf dem Waldboden Leichen herumliegen sehen, Tote von zwei verschiedenen Arten – Schwarze und ein paar Weiße. Von jenen Stöcken, die mit Donnergetöse töteten, hatten sie hingegen keinen einzigen vorgefunden.

»Wer damit getötet hat, wird seinen Stock mitgenommen haben«, sagte Cantor.

»Aber bringen sie sich echt gegenseitig um?«, fragte ein Schimpansenweibchen.

»Ja«, sagte Cantor, »das haben sie schon zu meiner Zeit getan.«

»Wie grauenhaft!«, rief ein junger Bonobo aus. »Sie töten sich gegenseitig!« Er war ganz entsetzt über diese Ungeheuerlichkeit.

Und schon schrien alle: »Was für ein Horror! Wie fürchterlich!!« Nur den Schimpansen war dabei ein wenig mulmig zumute, denn wie alle wussten, kam es gelegentlich auch bei ihnen vor, dass einer den anderen tötete.

Als wollten sie diese schreckliche Neuigkeit unterstreichen, waren erneut Donnerschläge zu vernehmen, lauter als zuvor und unerfreulich nahe. Den Versammelten lief es kalt den Rücken hinunter.

»Wir müssen uns zerstreuen«, sagte Cantor, und eigentlich hätte er das gar nicht auszusprechen brauchen, denn kaum hatte er den Satz beendet, waren die Affen schon in alle Richtungen auseinandergestoben. Jede Gruppe suchte sich im Wald die Stellen, an denen sie vom Boden aus am schwierigsten zu erreichen war.

Auch Titus saß bald darauf wieder mit seinem Vater und mit

Cantor hoch oben in einem Baum, nicht weit vom Rest des Affenstammes, der sich in den benachbarten Baumkronen verteilt hatte.

»Aber die Menschen, die ich getroffen habe, die machen doch keinen Krieg, oder?«

»Nein«, sagte Cantor. »Die sind davon vielleicht genauso überrascht wie wir.«

»Aber was passiert, wenn die Kriegsleute sie finden?«

»Weiß ich nicht«, sagte Cantor.

»Du musst doch eine Idee haben«, meinte Titus, der sich, ohne zu wissen, warum, plötzlich große Sorgen um diese beiden Menschen machte, diese netten Verwandten, die ihm zugelächelt hatten.

»Wie soll ich mich in die Köpfe der Menschen hineinversetzen können?«, brummte Cantor leicht verstimmt. »Vor allem in jene Leute, die Krieg führen. Bei uns macht das niemand.«

Titus war überrascht; normalerweise war Cantor doch so freundlich. Dann wurde es ihm klar: Einem alten Affen, der seine Ruhe liebte, war diese ganze Aufregung einfach nur zuwider.

»Ich könnte sie vielleicht wiederfinden …«

»Mach das bloß nicht!«, rief sein Vater.

Aber seine Worte kamen zu spät – Titus war bereits auf einen anderen Ast gehüpft und im Dickicht verschwunden. Er hatte das Alter, in dem man seinem Vater stets gehorcht, längst überschritten.

Er arbeitete sich von Baum zu Baum zu jener Stelle vor, an der er den beiden Menschen begegnet war. In diesem Wald, der für so viele undurchdringlich war, konnte Titus nämlich jede Stelle wiederfinden, an die er Erinnerungen hatte, egal ob gute oder schlechte.

Natürlich war seit seinem Zusammentreffen mit den neuen Verwandten schon einige Zeit verstrichen, was vor allem an der langsamen Redeweise des Gorillas lag. Andererseits hatten sich der Mann und die Frau bestimmt noch nicht so weit von der Stelle entfernt, denn die ineinander verfitzten Büsche und Lianen mussten sie aufgehalten haben. Diese armen Geschöpfe konnten ja nicht einfach frei im Blätterdach herumflitzen. Titus dachte, dass sie vermutlich die Richtung eingeschlagen hatten, in die er geflohen war, und so hoffte er, ihnen erneut zu begegnen. (Titus war nämlich intelligent, sein Vater hatte es ihm immer bestätigt und gemeint, dass er darin nach der Mutter kam.)

Er vernahm von Neuem die Donnergeräusche. Sie kamen aus unterschiedlichen Richtungen, und fast hätten sie Titus in seinem Vorhaben gestoppt. Aber dann sagte er sich, dass die Menschen, wenn sie einander bekriegten, bestimmt keine Zeit hatten, nach oben zu schauen, um nach einem Bonobo in den Baumkronen zu suchen. Und so sprang er in großer Sorge um seine beiden Verwandten weiter voran.

Am Ende entdeckte er sie tatsächlich – aber in was für einer misslichen Lage!

Er blieb auf seinem Ast mucksmäuschenstill sitzen und beobachtete die Szene. Der schwarze Mann und die weiße Frau waren von anderen schwarzen Männern umringt, aber die schienen nicht von der gleichen Familie zu sein wie der, der neben der Frau stand, denn sie hielten diese Dinger auf ihn gerichtet – die donnernden und tötenden Stöcke, von denen Cantor gesprochen hatte.

Die umstehenden Männer lächelten, aber seine beiden Menschen hatten Angst, das konnte er von ihren Gesichtern ablesen. Wollten die anderen sie etwa töten?

Da erschien ein anderer schwarzer Mann auf der Bildfläche, größer und stärker als die übrigen, vermutlich ein dominantes Männchen. Er trug keinen Donnerstock und war in Begleitung eines kleineren Mannes gekommen, eines Weißen. Es gab also mindestens zwei Arten von Menschen!

Die beiden Neuankömmlinge musterten das Paar und redeten miteinander.

Titus konnte ihre Worte nicht verstehen, aber auf ihren Mienen erkannte er, was in ihnen vorging. Der dominante große Schwarze wirkte gut gelaunt, während der kleine Weiße müde und besorgt aussah.

»Sollen wir sie aus dem Weg räumen?«

Es war der kleine weiße Mann, der das gesagt hatte.

»Bei ihr würde das auffallen«, erwiderte der große Schwarze. »Die Weißen sind abgezählt, das würde uns Probleme bereiten.«

Sie schwiegen eine Weile, dann sagte der große Schwarze: »Wir nehmen sie mit.«

»Aber wieso denn?«, fragte der andere.

»Eine weiße Frau aus einem reichen Land, das kann etwas abwerfen.«

»Mehr als die Diamanten?«

»Das eine schließt das andere nicht aus.«

»Und er?«

»Der macht sich auf dem Foto gut mit ihr. Weiße Frau mit ihrem einheimischen Führer ...«

»Mir gefällt das nicht so recht.«

»Man muss mit der Zeit gehen«, sagte der große Mann. »Wenn wir nur den Kerl töten, wäre das doch rassistisch, oder?«

Und das brachte die anderen zum Lachen, bloß den kleinen Weißen nicht.

Als sie abrückten, folgte ihnen Titus. Der Mann und die Frau gingen, die Hände hinter dem Rücken gefesselt, in der Mitte der Gruppe, gleich vor den beiden Chefs, dem großen Schwarzen und dem kleinen Weißen.

Das alles dauerte eine ganze Weile, und Titus merkte, dass er sich immer weiter von seinem Stamm entfernte. Er stieß in einen Teil des Waldes vor, den er noch nie erkundet hatte, aber er musste einfach weiter, denn er wollte wissen, was diesen beiden Menschen, die ihm zugelächelt hatten, widerfahren würde. Er verspürte sogar den Drang, sie zu beschützen. Aber was konnte ein junger Bonobo wie er schon ausrichten? Selbst ein Gorilla hätte nicht viel tun können, denn die anderen hatten ihre todbringenden Stöcke bei sich.

Schließlich, der Tag ging schon zur Neige, gelangten sie an einen Ort, von dessen Existenz Titus nicht mal im Traum etwas geahnt hätte. Ein riesiges Loch mitten im Dschungel, so ausgedehnt wie eine Waldlichtung und tief in die Erde hinabreichend. Und überall an den Seitenwänden dieser großen Aushöhlung sah man Menschen mit Werkzeugen die Erde aufgraben. Weil die Nacht hereinbrach, hatten sie Laternen angezündet, die ringsum an den Seitenwänden schimmerten und die außergewöhnliche Szenerie in ein bedrohliches Licht tauchten.

Um das gewaltige Loch herum gab es so etwas wie ein kleines Menschendorf, das den von Cantor beschriebenen ähnelte – mit Hütten, die aus großen Blättern gemacht zu sein schienen, aber in Wahrheit aus einem Material bestanden, das Titus nicht kannte.

Der schwarze Mann und die weiße Frau wurden in eines dieser Schutzzelte geführt und verschwanden damit aus seinem Blickfeld. Der Mann, der sie hineingebracht hatte, kam wieder heraus, und daraus schloss Titus, dass sie nun allein in ihrer Behausung waren.

Er vermutete, dass die Menschen bei Nacht auch nicht besser sehen konnten als die Bonobos – hieraus rührte ja die ungerechte nächtliche Oberhoheit der Leoparden –, und so wartete er, bis es vollkommen finster war. Dann stieg er auf den Boden hinab und schlich zum Zelt hinüber.

Später, als sich Titus an dem Strick zu schaffen machte, der die Hände des Mannes hinter dessen Rücken zusammenhielt, spürte er, dass die Frau ihn beobachtete. Und als er kurz zu ihr hinüberblickte, las er in ihrem Gesicht Erstaunen, aber auch eine Art Liebe, genau wie bei seinen Tanten, wenn sie ihn anschauten. Cantor hatte recht, die Menschen waren wirklich mit den Bonobos verwandt.

Die Knoten der Menschen waren vertrackter als die der Lianen, aber Titus war sicher, dass es ihm mit ein wenig mehr Zeit gelungen wäre, sie zu lösen. Aber hier durfte man nicht herumtrödeln, und seine Zähne, mit denen er Nüsse knacken oder Rinde abreißen konnte, triumphierten bald über den Strick.

Als der Mann befreit war, drehte er sich zu Titus hin und reichte ihm die Hand. Titus verstand ihn, es war wirklich die Geste eines Bruders, und so streckte auch er seine Hand aus. Die beiden Hände berührten einander, und Titus sagte sich, dass er soeben etwas Außergewöhnliches vollbracht hatte. Dann entledigte sich der Mann rasch seiner Fußstricke und löste die Fesseln der Frau.

Draußen herrschte tiefe nächtliche Finsternis, aber die anderen Menschen schliefen nicht. Titus und das Menschenpaar hockten schweigend in ihrem Zelt und vernahmen Gelächter, Gesang und Schreie. Sollte das etwa die ganze Nacht so weitergehen? Waren denn diese Menschen auch des Nachts aktiv, ganz wie die Leoparden? Aber seine neuen Verwandten schien es nicht zu beunruhigen.

Nach und nach verstummten die Stimmen. Und schließlich breitete sich Stille aus.

Vor dem Zelt schlief ein Mann, der mit einem dieser Stöcke bewaffnet war. Sie passten auf, dass sie ihn nicht weckten.

Dann merkte Titus, dass der Mann, dessen Hand er berührt hatte, den Wald sehr gut kannte. Er schien immer zu wissen, welche Richtung sie einschlagen mussten. Titus folgte ihm und hielt dabei die Frau an der Hand, um sie durch die Finsternis zu leiten, aber an ihren Bewegungen spürte er, dass sie umgekehrt meinte, Titus führen zu müssen, als wäre er ein Kind.

Sie waren nun weit entfernt von allen Waldbereichen, die er kannte. Ein- oder zweimal war er versucht, wieder in die Bäume zu klettern, aber die Vorstellung, ganz allein in der Dunkelheit dazusitzen, verloren und weit weg von den Seinen, war einfach

zu schrecklich. Mit seinen beiden Gefährten fühlte er sich siche-
rer, auch wenn sie in jedem Augenblick die unsichtbaren Pfade
eines Leoparden oder einer Schlange kreuzen konnten.

Am Ende war die Krankheit tatsächlich in den Urwald zurückgekehrt. Bei der großen Affenversammlung hatte der Gorilla
auch darüber sprechen wollen, aber weil er so langsam war und
immer nur ein Thema zur gleichen Zeit behandeln konnte, hatte
er zuerst von den Menschen gesprochen, die sich gegenseitig um-
brachten, und nachdem man die Donnerschläge im Wald gehört
hatte, waren die Affen in alle Richtungen davongestoben, bevor sie die unheilvolle Nachricht hätten hören können. Nur die
Gorillas wussten schon darüber Bescheid.

Es war eine sehr schlimme Variante der Krankheit; jeder
zweite Gorilla ging daran zugrunde, und auch etliche Schimpansen erlagen ihr. In Titus' Stamm starb manches Jungtier, aber niemand von den Älteren, was vermutlich daran lag, dass diese wie
Cantor die vorige Welle überlebt hatten.

An dem großen Loch im Dschungel, das Titus entdeckt hatte,
traf man keinen einzigen Menschen mehr an, doch auf seinem
Grund lagen mehrere verwesende Leichen.

Diese Spielart der Krankheit war wirklich bösartig, denn sie
tötete langsamer als die vorige, und wenn man sie sich zugezogen hatte, wusste man es nicht gleich und konnte noch andere
anstecken. Zum ersten Mal breitete sie sich bis in Städte aus, die
weit vom Urwald entfernt lagen.

Titus aber wusste nichts von alledem, denn er war vollauf damit beschäftigt, auf einem anderen Kontinent mit Eleanor seine
Wörter des Tages zu lernen.

»Und jetzt warte!«, sagte sie.

Sie hatte gerade eine Süßkartoffel vor ihm hingelegt.

»Warte zehn Sekunden.«

Titus zählte im Kopf bis zehn; dann schnappte er sich die

Süßkartoffel, tat so, als wollte er sie sich in den Mund stecken, schaute Eleanor an, warf die Süßkartoffel in die Luft und fing sie mit den Zähnen wieder auf.

Eleanor lachte, und Titus liebte es, sie lachen zu sehen – dieses seltsame Geschöpf, an das er sich mittlerweile gewöhnt hatte. Er wusste, dass er sich nach der Sitzung wieder zu den anderen Bonobos gesellen konnte, die alle in diesem Park geboren waren und den Urwald nie gesehen hatten. Er hatte ihnen viele Geschichten zu erzählen. Titus war ein bisschen ihr König, nicht nur wegen seines außergewöhnlichen Schicksals, sondern auch, weil die ranghöheren Weibchen ihn liebgewonnen hatten.

An diesem Tag kam ein Bonobo, der jünger war als Titus, zu ihm hinüber und fragte: »Kannst du mir noch eine Geschichte erzählen?«

»Ich weiß nicht«, sagte Titus, »ihr habt ja schon so viele gehört.«

»Bitte, bitte, Titus«, flehte der junge Bonobo, »erzähl mir eine neue Geschichte!«

Titus blickte ihm ins Gesicht. Anders als seine Artgenossen sah dieser junge Bonobo immer ein wenig traurig aus.

»Was ist los mit dir? Es scheint dir heute nicht gut zu gehen.«

Der junge Bonobo schaute ihn an, als würde er zögern, etwas Peinliches zu gestehen.

»Los, sag es mir, ich werde es auch niemandem weitererzählen.«

Der junge Bonobo zögerte noch einen Moment, dann wandte er den Blick von Titus ab und sagte: »Na ja … ich langweile mich hier.«

Titus war perplex. Dieser Ort war doch der spannendste, den er in seinem ganzen Leben gesehen hatte! Durch die Unterrichtsstunden mit Eleanor wurde er jeden Tag ein bisschen klüger. Endlich hatte er den Eindruck, all seine Fähigkeiten nutzen zu können.

»Was denn? Wie kannst du dich hier langweilen? Alles ist so interessant! Jeden Tag kommen Eleanor und die anderen Menschen; sie spielen mit uns und bringen uns neue Dinge bei. Du bist in diesem Spiel ja auch ganz gut, glaube ich. Wie viele verschiedene Zeichen hast du schon gelernt?«

»Bald dreihundert.«

»Und wie viele von ihren Wörtern erkennst du, wenn sie mit dir sprechen?«

»Ungefähr sechshundert.«

»Das ist doch fabelhaft!«, rief Titus, der selbst mehr als tausend erkannte, was Weltrekord für Nichtmenschen war. Er hielt das allerdings geheim, denn er hatte gelernt, dass man keine Eifersucht schüren soll, zumal alle sehen konnten, dass Eleanor mit ihm mehr Zeit verbrachte als mit den Übrigen. Manchmal nahm sie ihn auch auf Reisen mit, und dann entdeckte er andere seltsame Städte und lernte Menschen aller Farben kennen, die seine Unterhaltungen mit Eleanor aufmerksam verfolgten (sie sprach in ihrer Sprache zu ihm, und er antwortete in Zeichensprache). An der Art und Weise, in der sich die anderen Menschen an Eleanor wandten, hatte Titus erkannt, dass sie ein ranghohes Weibchen war.

Trotz der aufmunternden Worte saß der junge Bonobo noch immer verdrossen da.

»Schau doch mal, Titus«, sagte er und wies auf den Weg, der sich durch den Park schlängelte. »Bald werden sie uns das Futter bringen. Wir selbst jagen niemals – anders als du in deinem Urwald.«

Titus sagte sich, dass er ihnen nie hätte erzählen sollen, wie er auf die Jagd nach Eidechsen oder Flughörnchen gegangen war. Dann kam ihm eine Idee: Ob er Eleanor bitten sollte, dass man ein paar von diesen Tieren im Park aussetzte?

»Du weißt gar nicht, was für ein Glück du hast«, sagte er zu dem jungen Bonobo. »Hier gibt es keine Schlangen, die plötzlich vom Baum fallen und dich im Handumdrehen töten können. Nachts brauchst du keine Angst davor zu haben, dass sich ein Leopard anschleicht, und du musst nicht einmal deine Zeit für die Nahrungssuche opfern. Hier kannst du von früh bis spät tun, was du willst, und vor allem lernst du jeden Tag etwas Neues!«

Der junge Bonobo schaute Titus gelangweilt an: Das wusste er doch alles selbst!

»Ja«, sagte er. »Aber ich sehne mich nach einem anderen Leben.«

Und plötzlich stieg in Titus eine Erinnerung auf …

VIER

Die Gesetze der Natur

Es war einmal ein kleiner Frischling, der noch bei seiner Mutter saugte, einer großen Bache mit rauem Fell, aber voller Zärtlichkeit für ihre Kinder.

Wie bei den meisten Lebewesen galt auch hier: Die Kindheit ist das Paradies.

Dieser kleine Frischling trottete unablässig hinter seiner Mutter her und war immer darauf aus, sich an ihre Zitzen zu hängen, genau wie seine kleine Schwester, und weil seine Mama acht Zitzen hatte und sie nur zu zweit waren, bedeutete das *open bar* rund um die Uhr. Feste Mahlzeiten gab es tagsüber, wenn die kleine Familie im Schutze des Dickichts ruhte, aber manchmal auch nachts, wenn die Mutter durch den Wald streifte und Wildschweinnahrung suchte: herabgefallene Eicheln, Knollen und Wurzeln und sogar Würmer und Insekten, wie man sie beim Wühlen in der Erde findet, und bisweilen ein kleines Säugetier, eine Waldmaus oder ein Maulwurf, die das Pech hatten, ihr gerade vor den Rüssel zu kommen.

Zu den trügerischen Dingen am Glück gehört, dass es uns seine Endlichkeit vergessen lässt, und auch Yim, unser Frischling, machte sich keine Gedanken darüber, genau wie seine kleine Schwester, deren Namen wir hier nicht nennen werden, denn die Arme wird nicht lange in dieser Geschichte verweilen.

Eines Morgens beschloss Yims Mama, ein Waldstück zu erkunden, das sie schon lange nicht mehr betreten hatte. Sie hoffte, dass dort seit ihrem letzten Besuch jede Menge Eicheln herabgefallen sein würden. Ihre beiden Kleinen folgten ihr vergnügt; sie konnten zwar noch keine Eicheln fressen, liebten es aber, neue Orte zu entdecken. So läuft es, wenn man jung ist – alles Neue ist interessant (während es einem später, mit den Jahren, vor allem anstrengend vorkommt).

Mutter Wildschwein und ihre Frischlinge liefen also immer tiefer in den Wald hinein.

Es war einmal ein Mann, der die Jagd liebte.

Dieser Mann, ein guter Familienvater, hatte die Hoffnung, dass sein Sohn ebenfalls Geschmack am Jagen finden würde, denn auch er selbst hatte es einst von seinem Vater gelernt. Aber das wollte einfach nicht geschehen. Sein Sohn war bereit, ihn auf die Jagd zu begleiten, wenn er es ihm vorschlug, aber er hatte seinen Vater noch nie gebeten, das Gewehr auch einmal halten zu dürfen, und das, obwohl er inzwischen schon ziemlich groß war. Der Vater spürte, dass sein Sohn nur mitkam, um ihm eine Freude zu machen, und das stimmte ihn traurig.

Er konnte nicht übersehen, dass sein Sohn lieber mit gleichaltrigen Freunden auf den Tennisplatz ging oder in seinem Zimmer blieb, um Gitarre zu spielen – alles Aktivitäten, die der Vater in diesem Alter nicht gekannt hatte, denn damals musste er schon auf einem Bauernhof hart arbeiten.

Mit einem ungeheuren Arbeitspensum und dem verbissenen Drang, irgendwann kein Befehlsempfänger mehr zu sein, hatte es der Vater, wie man so sagt, »geschafft«. Er war nun Eigentümer eines großen Hauses gleich neben der Dorfkirche, und in diesem Haus lebte er mit seiner Ehefrau, die nicht nur eine achtsame Mutter für seinen Sohn und seine kleine Tochter war; sie beriet ihn auch in geschäftlichen Dingen, denn sie war ruhig und überlegt, während er ein aufbrausendes und impulsives Naturell hatte.

Der Mann verließ das Haus sehr früh am Morgen, weil er sich um seine Obst- und Gemüsekulturen kümmern musste und um die Lastwagen, die seine Produkte in die ganze Region lieferten. Abends kam er spät heim und setzte sich vor den Fernseher. Erst am Wochenende lebte er richtig auf, denn da ging er auf die Jagd, und manchmal schlug er seinem Sohn vor, ihn zu begleiten, aber der hing jetzt immer häufiger mit seinen Kumpels herum, mit denen er auch eine kleine Band gegründet hatte. Ihre Musik war nicht von der Art, wie der Vater sie geliebt oder wenigstens akzeptiert hätte; es war keine großartige klassische Musik, sondern eine Art lokaler Rock mit Gitarren und Schlagzeug.

Der Sohn ging also immer öfter zu seinen Freunden, um zu singen und Gitarre zu spielen. Auch die Mutter machte sich Sorgen, denn sie sagte ihrem Mann, sie fürchte, dass er darüber die schulischen Dinge vernachlässige. Das machte seinen Vater wütend; er maß der Schule zwar nicht die größte Bedeutung zu, denn er hatte es zu etwas gebracht, ohne sonderlich lange die Schulbank gedrückt zu haben, und doch fand er es töricht, dass sein Sohn von den angebotenen Bildungschancen nicht profitieren wollte.

Deshalb sprachen sie darüber.

»Aber Papa, ich mache genug, um bei den Prüfungen durchzukommen.«

»Gerade so viel, dass es reicht, oder wie?«

»Ja.«

»Schau mal,« sagte der Vater und zeigte auf das Haus und die umliegenden Felder, von denen ihm viele gehörten, »glaubst du, wir hätten all das, wenn ich nur so viel gearbeitet hätte, dass es gerade reicht?«

»Nein, aber ich möchte auch kein solches Leben haben wie du.«

»Kein solches Leben wie ich? Aber ich bin mit meinem Leben zufrieden!«

»Natürlich, aber ich möchte etwas tun, was mir wirklich Spaß macht, etwas mit Musik zum Beispiel.«

»Dank meiner Arbeit kann ich auch Dinge tun, die mir wirklich Spaß machen!«

»Ja«, sagte der Sohn, »aber nur am Wochenende.«

Der Vater traute seinen Ohren nicht. »Willst du die Musik etwa zu deinem Beruf machen?«

»Vielleicht«, meinte der Sohn. »Wenn es klappt.«

Der Vater wusste, dass er das Gespräch hier beenden musste, denn sonst würde er in Zorn geraten. Er hatte im Stillen gehofft, sein Sohn würde eines Tages den Familienbetrieb übernehmen. Geglaubt hatte er nicht wirklich daran, aber dies hier war nun die endgültige Enttäuschung. Vielleicht könnte seine Tochter ja …?

Die meisten Freunde des Vaters waren ebenfalls Jäger, und manchmal gingen sie abends zusammen essen. Wenn er zurückkam, hatte er oft einen Schwips, worüber die Mutter die Stirn runzelte, obwohl er doch versuchte, ganz normal zu sprechen und zu gehen, bevor er sich rasch schlafen legte.

An dem Tag, als diese Geschichte begann, schlug der Vater seinem Sohn wieder einmal vor, auf die Jagd mitzukommen, und diesmal sagte der Sohn zu, denn seine Freunde hatten gerade keine Zeit für eine Probe.

»Peng! Peng!«

Yim, der Frischling, war furchtbar erschrocken über diese Donnerschläge und suchte sofort Schutz bei seiner Mama, die sich gerade hingelegt hatte. Und die kleine Schwester? Die hatte die entgegengesetzte Wahl getroffen und war geflohen.

Yim stieß seinen kleinen Kopf gegen den seiner Mutter, aber wie seltsam, sie reagierte überhaupt nicht – ganz so, als würde sie schlafen. Yim sah ihre halb geöffneten Augen, die ihn nicht anblickten, und spürte etwas Warmes an seinem Fell: ihr Blut.

»Ein tolles Tier, bravo, Papa!«, ertönte eine Stimme, die Yim nicht kannte.

»Hast du gesehen, wie ich sie geschossen habe?«

»Ich glaube, der erste Schuss hätte genügt.«

»Man weiß nie, und doppelt hält besser. Keiner kann sich wünschen, dass eine Wildsau wieder aufsteht und auf einen zurast.«

Schritte näherten sich, Yim erblickte zwei hoch aufragende Gestalten (auch wenn die eine weniger hoch aufragte) und verstand, dass dies die Menschen waren, von denen seine Mutter immer gesagt hatte, man müsse so schnell wie möglich vor ihnen wegrennen. Aber jetzt rührte sie sich noch immer nicht ... Ob sie ihre Meinung geändert hatte? Yim schmiegte sich an sie.

»Ah, verdammt, das ist eine Bache!«

»Och, schau mal, ein Kleines!«

»*Ein Frischling*, sagt man.«

»Ist der aber süß!«

»Ähm, na ja, ein Frischling eben.«

»Was machen wir mit ihm, Papa?«

»Wir lassen ihn hier.«

Einige Sekunden lang sagte niemand etwas, dann meinte der Sohn: »Aber er ist so jung, er brauchte seine Mutter doch noch!«

»Na ja, so ist das Leben.«

»Oder in diesem Fall der Tod, nicht wahr?«

»Hör auf, du wirst mir jetzt nicht den Tag verderben!«

Yim betrachtete die beiden Menschen und begriff allmählich, dass sie ihm nichts Böses wollten. Andererseits, seine Mutter ...

»Und wenn wir ihn mitnehmen, Papa?«

»Du bist wohl verrückt geworden?«

Es war ein großes Haus mit einem Garten, in dem oft zwei Hündinnen miteinander spielten. Der Vater nahm sie zur Jagd an die Teiche mit, wo sie ihm die Enten und die anderen Wasservögel, die er geschossen hatte, heranschleppten; er war, wie wir bereits gesehen haben, ein guter Schütze.

Als sie den Frischling ins Haus brachten, war die Mutter genauso entzückt wie der Junge und rief aus: »Och, ist der aber süß!«

Und man muss sagen, dass Yim wirklich reizend aussah mit seinen kleinen rosa Nasenlöchern am Ende des Schnäuzchens, seinem an den Seiten gestreiften Fell, das an einen Kinderschlafanzug erinnerte, den kleinen Hufen, die auf dem Küchenboden ins Rutschen kamen, und einem Blick, in dem immer noch große Verwunderung darüber lag, plötzlich in einer ganz anderen Welt gelandet zu sein.

Dennoch gab es gleich zu Beginn einen beunruhigenden Moment.

Als der Vater den kleinen Frischling in den Garten setzte, fingen die beiden Hündinnen wie wild zu bellen an, und Yim flüchtete zwischen die Stiefel des Sohnes. Der hockte sich hin und forderte die Hündinnen auf, näher heranzukommen, wobei er Yim streichelte. Die Hündinnen begriffen schnell, dass dieses kleine Tier nun keine potenzielle Jagdbeute mehr war, sondern ein Freund der Familie, und sie näherten sich und streckten ihre Schnauzen vor, um das seltsame Geschöpf, das leise wimmerte, eingehend zu inspizieren. Vermutlich erkannten sie, dass Yim das Junge eines anderen Tieres war, denn seine tollpatschige und Hilfe suchende Art hatte er mit kleinen Welpen gemein.

»Ich weiß nicht, was das ist, aber es macht keinen bösartigen Eindruck«, sagte Flèche, eine große Golden-Retriever-Dame mit langem Fell und einem Faible für Kinder.

»Irgend so ein Jungtier, aber eines Tages ist es groß«, sagte Fleur, eine schokoladenfarbene Labradorhündin, die zurückhaltender und weniger optimistisch war.

Sie beschnupperten Yim und leckten ihn schließlich ab – ein Willkommenszeichen, das der Frischling verstand.

Allmählich verblasste in Yim die Erinnerung an seine Mama. Die beiden Hündinnen, in seinen Augen riesige Geschöpfe, spendeten ihm Sicherheit, ein wenig so, als wenn er inmitten der ausgewachsenen Wildschweine seiner Rotte umhertrippelte. Und besser noch, sie spielten mit ihm, was seine erwachsenen Artgenossen nie getan hatten.

Und die Erinnerung an seine Mama wurde noch blasser, wenn die Zeit für die Babyflasche kam. Dann nahm ihn die Hausherrin auf den Schoß, schob ihm den Nuckel in den Mund und sagte: »Er ist ja eigentlich mein drittes Kind.« Die Nachbarn kamen vorbei, um das anrührende Schauspiel mitzuerleben: ein kleiner Frischling, der sich mit in die Luft gestreckten Beinchen in den Schoß geschmiegt hatte und angestrengt saugte. Und bald war es das Mädchen, das die Flasche hielt und die Freundinnen aus der Nachbarschaft einlud, damit sie es auch einmal versuchten. Yim war zu einer echten Attraktion geworden.

Er folgte Fleur und Flèche, wohin sie auch liefen. Wenn jemand klingelte, stürmten sie an den Zaun, und der Besucher war überrascht, nicht nur von den gewohnten großen Hündinnen empfangen zu werden, sondern auch von einem Frischling, der genau wie Fleur und Flèche um ihn herum Freudensprünge vollführte.

Am späten Nachmittag feierte Yim mit den Hündinnen die Rückkehr der Kinder von der Schule und schließlich die Ankunft des Hausherrn. Nach dem Abendessen, wenn Fleur und Flèche ihre Fressnäpfe geleert und die Heranwachsenden ihre Hausaufgaben gemacht und sich auf ihr Zimmer zurückgezogen hatten, legten Yim und die Hündinnen eine letzte Ruhepause im Wohnzimmer ein, während der Hausherr und die Hausherrin Dinge miteinander besprachen oder fernsahen. Die Tiere interessierten sich normalerweise nicht für das, was man auf dem Bildschirm sah, aber eines Tages wurde Yim von Hundegebell aus seinem Dämmerschlaf gerissen und erblickte seltsame Figuren, die aufgeregt herumrannten. Gleich darauf hörte er Detonationen. Er rannte los und versteckte sich unter der Treppe.

»Hast du gesehen?«, rief der Hausherr amüsiert. »Mit Bambi hat er nichts am Hut!« »Das ist auch kein Wunder«, erwiderte seine Frau mit strenger Miene. Auch die Hündinnen waren vom

Gebell aus ihrem Schlummer gerissen worden, aber sobald wieder Ruhe einkehrte, schliefen sie erneut ein.

Schließlich schickte der Hausherr sie alle hinaus, denn eines seiner Prinzipien war, dass Tiere niemals im Haus schlafen dürfen. Yim und die beiden Hündinnen verbrachten die Nacht in der Scheune, und im Winter kuschelten sie sich aneinander, um ihre tierische Wärme zu teilen.

So sah das Glück aus, und irgendwann war der Wald vergessen.

Aber Yim wurde größer, und bald begann sich das Glück zu verflüchtigen.

»Hör auf«, schrie Fleur, »du tust mir weh!« Das stimmte auch, denn Yim war sich seiner neuen Kräfte nicht bewusst, und oft hörte der Sohn, wie eine der Hündinnen aufjaulte, weil Yim sie etwas zu heftig geschubst hatte. Eines Tages biss Flèche ihn sogar (wobei es mehr ein Kneifen war, nur so als Verwarnung), denn er hatte sie umgestoßen, als er die Heimkehr des Sohnes feiern wollte. Die beiden Hündinnen mochten nicht mehr mit ihm spielen. Yim lief ihnen dennoch hinterher, aber sie gingen auf Distanz und zeigten ihm, dass die Zeit der Spiele und der Verfolgungsjagden vorbei war. Er konnte gerade noch erreichen, dass sie ihn bei der Mittagsruhe akzeptierten, wenn er in ihrer Nähe schlafen wollte.

Nun verbrachte Yim mehr Zeit mit dem Sohn. Er versuchte niemals, ihn zu schubsen oder zu verfolgen, es war schließlich sein junger Herr. Der Junge streichelte ihn, und Yim leckte ihm die Hände (nicht das Gesicht, denn das durften nicht einmal die Hunde, die Mutter fand es ekelhaft).

»Papa, Yim ist traurig, die Hunde wollen nicht mehr mit ihm spielen.«

»Da haben sie recht, denn am Ende würde er ihnen ein Bein brechen. Er ist zu stark für sie geworden.«

»Aber er will ihnen nicht wehtun.«

»Er ist zu stark für sie geworden, das ist alles.«

»Er ist doch noch gar nicht ausgewachsen.«

Der Vater seufzte. »Aber ein Frischling ist er auch nicht mehr. Schau mal, seine Streifen sind verschwunden.«

Das stimmte. Yims Fell hatte jetzt ein schönes einheitliches Rotbraun angenommen. Und seit einiger Zeit trank er auch keine Milch mehr; er hatte jetzt seinen eigenen Futternapf neben denen von Fleur und Flèche, und die Mutter oder der Sohn schütteten Pellets für Hausschweine hinein.

»Und schau mal hier, sie wachsen«, fuhr der Vater fort und hob bei Yim eine Lefze an. Der ließ es anstandslos geschehen, denn er freute sich über die Beachtung, die man ihm schenkte. Und tatsächlich sah der Sohn, dass Yims Eckzähne von außergewöhnlicher Größe waren – oder vielmehr von gewöhnlicher Größe für einen künftigen Keiler.

»Bald müssen wir sie ihm abfeilen lassen«, sagte der Vater, »sonst wird es zu Unfällen kommen.«

»Aber Yim ist doch gutmütig.«

»Das ist nicht das Problem! Bald ist er ein Keiler, und ein Keiler ist gefährlich. Gegen den Lauf der Natur kann man nichts ausrichten.«

Yim verstand von dem Gespräch nichts, aber er sah deutlich, dass der Junge traurig war und der Vater ein bisschen zornig, doch zornig war er ja oft, und so beunruhigte das Yim nicht so sehr wie die Traurigkeit des Sohnes.

Eines Abends kamen die Freunde des Vaters zum Essen ins Haus. Es war ein Abendessen unter Männern; die Mutter hatte den Tisch gedeckt und die Speisen zubereitet, aber dann zusammen mit den Kindern in der Küche gegessen.

Irgendwann wurde Yim, der mit den beiden Hündinnen im Wohnzimmer schlummerte, von den Lachsalven der Männer geweckt.

Es war gegen Ende der Mahlzeit, sie hatten schon eine Menge getrunken und redeten laut. Doch plötzlich verstummten sie, als sie sahen, dass ein junger Keiler an der Tür des Esszimmers erschien und nachschauen wollte, wer ihn da geweckt hatte.

Yim war beunruhigt von dem, was er in den auf ihn gerichteten Blicken sah, auch wenn er nicht richtig verstand, warum.

»Das ist bald ein schönes Viech«, sagte der eine Mann.

»Zur nächsten Jagdsaison«, sagte ein anderer.

»Aus dem lässt sich eine Menge Leberwurst machen«, warf ein dritter in die Runde und lachte.

»Sag das bloß nicht meinem Sohn«, meinte der Vater, dem unbehaglich zumute war.

»Aber er muss es auch mal lernen«, sagte der erste Mann. »Die Gesetze der Natur ...«

»Ich glaube, er lernt es niemals«, erwiderte der Vater traurig.

Weil im Tonfall der anderen Männer eine seltsam bedrohliche Note lag, machte Yim kehrt, aber gerade als er das Zimmer verließ, stieß er auf den Sohn, der alles mitgehört hatte. Yim spürte, dass sein junger Herr traurig und wütend zugleich war.

Die Scherereien nahmen kein Ende. Eines Morgens wachte Yim vor allen anderen auf, sogar noch vor den Hündinnen, und verspürte ein jähes Verlangen, in den Garten zu gehen. Er hatte Hunger. Vor der Scheune gab es ein Beet, auf dem die Mutter verschiedenerlei Gemüse anbaute. Sie hatte Yim davon schon zu probieren gegeben, und er hatte es absolut köstlich gefunden. Warum sollte er darauf warten, dass man ihm den Futternapf füllte? Yim fiel über das Beet her und grub seine Schnauze wie eine Pflugschar in den Boden.

Als er später die Schreie der Hausherrin hörte, wurde ihm klar, dass er etwas sehr Dummes angestellt hatte. Man schimpfte ihn vor dem zerwühlten Gemüsebeet aus, und der Sohn versprach seiner Mutter, dass so etwas nicht wieder vorkommen würde.

Und wirklich rührte Yim das Gemüsebeet nicht mehr an, aber in einer der folgenden Nächte hob er inmitten der Blumenrabatten wahre Schützengräben aus. Hier waren die Wurzeln nicht so schmackhaft wie beim Gemüse, und doch war es eine ungetrübte Freude, mit den Hufen und der Schnauze die Erde zu durchwühlen.

Am nächsten Morgen wiederholten sich die Schreie der Mutter und die Bestürzung des Sohnes, und selbst die Hündinnen schauten Yim jetzt irgendwie anders an.

Die Arbeiter aus der Firma des Vaters kamen vorbei, um auf die Schnelle einen Pferch zu bauen, in dem Yim künftig leben musste. Wenn jemand an der Pforte zur Straße hin klingelte, sah er durch die Maschen des Drahtzauns, wie die Hündinnen den Neuankömmling begrüßten, aber er selbst konnte nun nicht mehr an diesem lustigen Treiben teilnehmen, und auch wenn die Kinder von der Schule nach Hause kamen, konnte er nicht mehr zu ihnen rennen. Er musste abwarten, bis sie ihm einen Besuch abstatteten.

»Armer Yim«, sagte die kleine Schwester und streichelte ihn.

Yim verstand ihre Worte nicht, aber er spürte, dass sie ebenso betrübt war wie er, und das machte ihn gleich noch trauriger.

Eines Tages stand der Sohn an Yims Pferch, als der Vater hinzukam.

»So kann das nicht weitergehen«, sagte der Vater.

»Warum denn nicht? Hier stört er doch niemanden.«

»Im Moment vielleicht nicht. Aber dieser Maschendrahtzaun wird ihn nicht lange aufhalten, irgendwann buddelt er sich unten durch. Man müsste einen richtigen Zaun mit Gitterstäben bauen und einen Zementboden.«

»Das wäre dann echt wie ein Gefängnis«, sagte der Sohn.

»Sicher. Willst du das für ihn?«

»Nein.«

Sie schwiegen, und schließlich sagte der Vater: »Weißt du, das ist doch kein Leben für ein Wildtier. Wir sollten besser Schluss damit machen.«

»Nein!«, rief der Sohn.

»Tut mir leid«, meinte der Vater, »aber so wie jetzt kann es nicht mehr lange gehen.«

»Wir könnten ihn doch freilassen.«

»Aber wie soll er in freier Wildbahn überleben? Die anderen Wildschweine werden ihn nicht akzeptieren, und weil er keine Angst vor dem Menschen hat, wird er sich vom erstbesten Schützen abknallen lassen.«

»Das kann man nicht wissen.«

»So sind die Gesetze der Natur. Du hast gewollt, dass wir ihnen ein Schnippchen schlagen, aber nun siehst du, was daraus geworden ist.«

»Hättest du Yim lieber im Wald verhungern lassen?«, rief der Sohn.

»Wenn ich das Rad zurückdrehen könnte, würde ich die Bache nicht töten, aber nun ist es halt, wie es ist.«

»Sind das vielleicht auch die Gesetze der Natur? Mit Gewehren auf Tiere zu schießen?«

»Ähm«, meinte der Vater, »das ist die Natur des Menschen. Weil wir intelligent sind, bauen wir uns Waffen. Der Mensch hat schon immer gejagt, unsere Urahnen auch.«

»Um sich zu ernähren, gewiss. Andere Tiere töten, weil sie sich davon ernähren müssen, aber du und deine Freunde? Liegt das auch in eurer Natur?«

Der Vater hätte das Gespräch an dieser Stelle gern beendet, aber es lief weiter wie ein ausgebrochenes Tier, das man nicht wieder einfangen kann.

»Ja«, sagte er. »Jäger zu sein, liegt in unserer Natur, und deshalb gehen wir weiter auf die Jagd, obwohl wir es nicht mehr brauchen, um uns zu ernähren. Und überhaupt vermehren sich die Wildschweine zu stark; wenn man zu viele am Leben lässt, verwüsten sie die Äcker.«

»Das kommt davon, dass ihr die Wölfe ausgerottet habt …«

Der Vater war überrascht. Er hatte nicht gewusst, dass sich sein Sohn für das Leben der Wildschweine interessierte.

»… und dass ihr die Schweine füttert, damit sie sich tüchtig fortpflanzen und ihr noch mehr abschießen könnt.«

Auch damit hatte er recht, manchmal schüttete man Mais an die Wegränder, und in der Nacht kamen die Wildschweine und fraßen davon.

»Das macht man, um die Feldfrüchte zu schützen«, sagte der Vater, »so gehen sie nicht auf die Äcker.«

»Aber auch, damit ihr mehr Schweine töten könnt«, sagte der Sohn mit verschlossener Miene.

Der Vater musste sehr an sich halten. Vermutlich hatte sein Sohn Broschüren von militanten Jagdgegnern gelesen.

»Hör mal, der Mensch liebt die Jagd, aber er braucht die Feldfrüchte, um sich zu ernähren. Die Wildschweine werden heutzutage nicht mehr von Wölfen dezimiert, sondern von den Jägern. Es ist ein Gleichgewicht, das die Gesetze der Natur achtet.«

Der Sohn schaute den Vater an, und zum ersten Mal spürte dieser in seinem Blick eine Verachtung, die er schon lange befürchtet hatte.

»Aber unsere Feinde zu töten, liegt auch in unserer Natur«, sagte der Sohn mit ruhiger Stimme. »Der Mensch hat seit jeher seine Feinde getötet. Warum machen wir nicht einfach damit weiter, obwohl wir es nicht mehr müssen?«

»Mit dir kann man wirklich nicht reden«, sagte der Vater, und das Herz war ihm schwer, als er Yims Gehege den Rücken kehrte.

In der Nacht stand der Sohn so leise auf, dass er niemanden weckte, und ging hinunter zum Pferch. Yim war begeistert, ihn zu dieser ungewohnten Stunde zu sehen. Der Junge öffnete die

Tür und lockte den jungen Keiler aus seinem Geviert. Er ging durch den Garten und machte die Pforte zum Feldweg hin auf. Einige Minuten später wanderten sie zu zweit durch die Nacht, dem nahe gelegenen Wald entgegen. Als sie inmitten großer, alter Bäume standen, weit genug vom Dorf entfernt, wandte sich der Junge dem Schwein zu und sagte: »Los, Yim, jetzt musst du gehen!«

Yim schaute ihn an und verstand nicht. Doch dann streckte er seinen Rüssel dem dunklen Wald entgegen. Er spürte, wie eine Menge außergewöhnlicher Gerüche auf ihn einströmten, die viel stärker und breitgefächerter waren als alle, die er im Garten eingesogen hatte. Und schon lief er in die Dunkelheit hinein.

Am nächsten Morgen bekam der Vater einen Wutanfall, als er den Pferch leer vorfand. Er stürmte ins Haus zurück, wo sein Sohn und dessen kleine Schwester gerade am Frühstückstisch saßen.

»Du weißt genau, dass ich dagegen war!«, tobte der Vater. »Du hattest nicht das Recht, so etwas zu tun!«

»Ich habe ihn der Natur zurückgegeben.«

»Was du für ein Zeug daherredest!«

»Hast du nicht selbst gesagt, das sei kein Leben für ein Wildtier?«

»Wenn er wenigstens noch ein Wildtier wäre!«

Die kleine Schwester unterstützte ihren Bruder, indem sie um den Tisch rannte und rief: »Yim ist in Freiheit! Yim ist in Freiheit!«, während die Mutter, die betrübt war, weil sich ihr Sohn und ihr Mann stritten, ausnahmsweise einmal nicht wusste, was sie sagen sollte.

Die Worte hätten ihr auch gefehlt, wenn sie in der Nacht miterlebt hätte, wie Yim immer tiefer in die Finsternis vordrang. Nach einigen Minuten begegnete er anderen Wildschweinen. Sie wussten den jungen Unbekannten nicht einzuordnen, und bald verbreitete sich das Gerücht, dass es im Wald einen Neuankömmling gebe.

Die Wildschweine standen im Halbkreis um Yim herum und musterten ihn im Schein des Mondes.

»Woher kommst du?«, fragte eine schon ziemlich betagte Bache.

»Von den Menschen«, sagte Yim.

An das Wildschweinwort für »Menschen« erinnerte er sich, weil seine Mama es ihm einst beigebracht hatte.

»Das kann ja gar nicht sein«, sagte ein mächtiger Keiler, und sein Ton war so aggressiv, dass sich Yim vor Furcht die Borsten sträubten.

»Mach ihm keine Angst«, sagte die Bache, »du siehst doch, dass er noch ganz jung ist.«

»Doch, da hinten«, sagte Yim. »Freunde Hunde, Menschen nett.«

»Zu alledem ist er auch noch zurückgeblieben«, meinte der alte Keiler.

»Stimmt, er spricht wie ein Baby.«

»Baby, Menschen ...«, sagte Yim.

»Redet der einen Müll zusammen«, sagte ein junges Wildschwein und begann Yim nachzuäffen. »*Baby, Menschen ...*« Das brachte die anderen jungen Schweine zum Lachen.

»Jedenfalls scheint er nicht bösartig zu sein«, sagte die Bache.

»Bösartig vielleicht nicht«, erwiderte der alte Keiler, »dafür aber debil oder verrückt.«

»Freunde?«, fragte Yim.

»Na los«, sagte die Bache zum alten Keiler, »lass ihn rankommen.«

Der Keiler antwortete nicht einmal, sondern drehte sich einfach um und ging seines Weges, aber die Bache wusste, dass es ein Zeichen des Einverständnisses war.

Und so folgte Yim der Rotte, und die Jungen bestürmten ihn mit Fragen.

Im Haus war nichts mehr wie früher. Vater und Sohn schwiegen einander an. Die Mutter und die kleine Schwester versuchten, den Männern des Hauses gegenüber gute Stimmung an den Tag zu legen, hofften sie doch, sie irgendwann wieder lächeln zu sehen, aber vergebens.

Die Mutter sagte zum Vater: »Hör mal, ihr müsst euch wieder versöhnen. Du liebst ihn doch, und er liebt dich, ihr könnt nicht so zerstritten bleiben.«

»Er respektiert mich nicht mehr«, sagte der Vater. »Ich habe das vorher schon geahnt; ich hatte immer das Gefühl, dass ich in seinen Augen nicht gut genug für ihn bin, aber das hier ist der endgültige Beweis dafür.«

»Übertreib nicht«, sagte die Mutter.

»Er liebt nichts von dem, was ich liebe«, meinte der Vater. »Aber er wird uns sowieso bald verlassen.«

Er wagte nicht zu sagen, wie oft er davon geträumt hatte, dass sein Sohn ihm an der Spitze der Firma folgte, einer Firma, in die er so viel Arbeit gesteckt hatte. Er wusste nämlich, dass sich die Mutter für ihren Sohn andere Horizonte ausmalte.

Die Schwester sagte zu ihrem Bruder: »Du solltest dich mit Papa wieder vertragen. Ihr könnt doch nicht ewig so weitermachen.«

»Wir sind, wie wir sind«, meinte der Junge. »Ich will ihn nicht ändern, und er kann mich nicht ändern.«

»Das ist aber kein Grund, nicht wieder miteinander zu reden.«

»Ich glaube, doch«, sagte der Junge. »Vielleicht später einmal, wenn ich Erfolg habe …«

Währenddessen wuchs Yim unter den Wildschweinen heran.

Sie hatten ihn als entwicklungsgestörten Jugendlichen in ihrer Mitte aufgenommen, aber inzwischen hatte er seine sprachlichen Rückstände wettgemacht, und vor allem war er gewachsen und gewachsen. Ob es nun an der vorzüglichen Flaschennahrung der Mutter lag, an den Pellets für Hausschweine oder an der Tatsache, dass er ohne große Beunruhigungen aufgezogen worden war – auf jeden Fall war er bald zu einer stattlichen Erscheinung herangewachsen, und sein Widerrist überragte den aller anderen Männchen der Rotte. Er bewahrte seine friedfertige Natur, wobei ihm seine Größe von Nutzen war; die waghalsigen Keiler, die ihn zu dominieren versucht hatten, hatte er ohne unnötiges Blutvergießen entmutigen können. Inzwischen war er der unangefochtene Anführer der Rotte.

Er wurde Vater, mehrere Male.

Und dann kam der Winter. Er war lang und hart. Die Erde gefror.

Die Wildtiere hungerten.

Die Felder waren so leer geworden wie dürre Wüsteneien. Auch an den Wegrändern lag kein Mais mehr verstreut, denn die Behörden hatten beschlossen, dass es in der Region inzwischen zu viele Wildschweine gab.

Die Rotte versammelte sich. Wohin sollte man ziehen? Der Wald genügte ihnen nicht, selbst wenn sie sich von anderen Tieren nährten, die vor Kälte gestorben waren.

»So einen kalten Winter habe ich noch nie erlebt«, sagte das älteste Wildschwein.

»Und wenn wir weggehen? Es muss doch irgendwo ein wärmeres Land geben!«

»Dafür müssten wir viele Straßen überqueren, oder?«, warf eine Bache ein.

Sie hatte einen ihrer Frischlinge verloren, als ein Lastwagen über die nächtliche Straße gebraust war, und die Angst war ihr geblieben.

»Ich glaube, in der Gegend, wo die Sonne untergeht, ist es wärmer«, meinte ein junger Keiler.

»Das ist nicht gesagt. Woher soll man das wissen?«

»Versuchen kann man's immer. Besser, als hier herumzuhocken und zu hungern.«

»Ich weiß, wo es etwas zu fressen gibt«, sagte Yim.

Alle wandten sich ihm zu.

Später in dieser Nacht wachte der Vater auf.

Von draußen her konnte man brummende und grunzende Geräusche vernehmen; zunächst dachte er an die Hündinnen, aber nein, das klang anders.

Auch der Sohn wachte auf und begriff sofort, woher die Geräusche kamen, und im gleichen Moment begannen auch schon die Hündinnen vor Ungeduld zu winseln.

Es kam vom hinteren Gartentor her, an dem der Weg in Richtung Wald vorbeiführte. Damals in jener Nacht waren Yim und der Sohn hier hinausgegangen.

Fleur und Flèche waren bereits an der Pforte, als der Sohn mit seinem Vater eintraf.

Der Vater öffnete die Pforte.

Vor ihnen stand der größte Keiler, den der Vater je erblickt hatte.

»Yim«, sagte der Sohn.

Und hinter Yim stand die ganze Rotte versammelt, und die Wildschweine hoben ihre erzitternden Schnauzen in die eisige Luft.

Als sie die letzten Schubkarren mit Äpfeln und Kartoffeln auf den Weg geschüttet hatten und die Wildschweine wieder davongetrottet waren, gingen der Vater und der Sohn ins Haus zurück. Der Morgen dämmerte schon.

Sie setzten sich an den Küchentisch, und die Mutter fragte, ob sie nicht besser wieder schlafen gehen wollten.

»Nein«, sagte der Vater.

»Willst du einen Kaffee?«, fragte der Sohn.

»Ja, gern.«

Der Sohn machte den Kaffee, und sie tranken ihn wortlos.

Die kleine Schwester kam die Treppe herunter und schaute ihrem Vater und ihrem Bruder dabei zu, wie sie schweigend am Tisch saßen.

Schließlich sagte der Sohn: »Es war schön, sie beim Fressen zu beobachten.«

»Ja«, sagte der Vater.

Er blickte zu seinem Sohn und dachte, dass er diesen Augenblick von Gemeinsamkeit beim Füttern der Tiere mehr geliebt hatte als alles, was er mit seinem Sohn erlebt hatte, seit dieser ein kleiner Junge gewesen war.

Sie sahen Yim niemals wieder.

Der Vater ging nicht mehr auf Wildschweinjagd.

Seine Freunde sagten, dass keiner von ihnen einen so großen Keiler in der Gegend zu Gesicht bekommen habe. Sie versprachen, ihn nicht zu schießen, falls er ihnen doch einmal über den Weg laufen sollte, denn es war nicht anständig, auf ein Tier zu zielen, das keine Angst vor dem Menschen hatte.

Sie wussten nicht, dass Yim von den anderen Schweinen gelernt hatte (uns ist ja nicht klar, dass Wildschweine ihre eigene Sprache haben, und ohnehin würden wir sie nicht verstehen): Künftig floh auch er die Menschen, ausgenommen den Sohn und seinen Vater, falls er ihnen noch einmal begegnet wäre.

Im folgenden Jahr ging der Sohn in die Stadt, um Musik zu studieren.

Hin und wieder kehrte er ins Dorf zurück, und manchmal begleitete er seinen Vater an die Teiche.

Sie nahmen Fleur und Flèche mit, die nicht begreifen konnten, weshalb es keine Jagd mehr gab.

FÜNF

Zwei Muttersöhnchen

Es war einmal ein junges Nashorn, das nicht sehr gut ins Leben hineinfand. Dabei war es in einem herrlichen Nationalpark geboren worden, in dem die Tiere vor den Menschen geschützt lebten, aber die Freiheit behielten, sich gegenseitig aufzufressen.

In diesem Nationalpark also war es lange Zeit fröhlich seiner Mama hinterhergetrottet. Mehrere Jahre lang genoss es – wie jedes junge Nashorn – das Glück, ein Einzelkind zu sein; es folgte seiner Mutter überallhin, weidete dort, wo sie es zum Weiden hinführte, und schmiegte sich des Nachts an ihre warme Flanke, wo es wie hinter einem Festungswall lag, vor den Härten des Lebens geschützt. Mit seinen gleichaltrigen Gefährten mochte es nicht spielen, denn es fand sie einfach zu brutal.

Aber jetzt war es herangewachsen, seine Mama hatte einen kleinen Bruder zur Welt gebracht, und wie jede Nashornmutter hatte sie unseren jungen Helden dazu aufgefordert, die Welt zu erkunden und sein Leben anderswo zu verbringen. Er war jetzt groß, er musste seine eigenen Flügel entfalten, auch wenn dieser Ausdruck bei einem Rhinozeros vielleicht fragwürdig ist.

»Aber Mama …«, sagte er.

»Es ist Zeit, dass du dein Leben lebst«, meinte sie, »allerhöchste Zeit sogar. Du bist doch schon richtig groß, mein Sohn.« Das stimmte auch; er war beinahe ausgewachsen, und seine gleichaltrigen Artgenossen schlugen sich schon ganz allein durch und begriffen allmählich, dass die jungen Nashornfrauen nicht nur zu vergnüglichen Fangespielen oder Schubsereien da waren.

»Aber Mama, ich könnte doch trotzdem in deiner Nähe bleiben!«

»Nein, du bist zu groß, du musst jetzt fortgehen.« Und sie drehte sich weg, um ihr Neugeborenes abzulecken, das noch ganz blass und beinahe rosa war – ein ganz reizendes Nashornbaby beziehungsweise ein scheußliches kleines Monster, wenn man so dachte wie unser junger Nashornmann.

Und so kam es, dass Toto betrübt davontrabte. (Diesen Spitznamen hatten ihm die Parkwächter gegeben, die immer lachen mussten, wenn sie dieses fast erwachsene Rhinozeros sahen, das seiner Mutter ständig an den Hacken klebte.)

Natürlich wusste Toto, dass seine Mama recht hatte. Normal war es, dass man seine Eltern verließ. (»Und der Papa?«, werden Sie jetzt vielleicht sagen. Ach, über den schweigen wir lieber, denn Nashörner haben keine sehr ausgeprägten Vatergefühle.) Toto aber erlebte seine Einsamkeit als schlimme Strafe. Wenn er für sich allein durch die Savanne streifte, war ihm das Herz schwer, weil ihm seine Mutter so fehlte, und er graste ohne Appetit. Manchmal versuchte er, Freunde zu finden, aber die anderen begannen zu Einzelgängern zu werden wie alle erwachsenen Nashörner, und so zeigten sie ihm sehr nachdrücklich, dass sie niemanden bei sich sehen wollten, der ihnen das Gras vor den Hufen wegfraß.

Er hätte sich auch für die jungen Rhinozerosdamen interessieren können, alt genug war er, aber er hatte Liebeskämpfe gesehen, bei denen ihm angst und bang geworden war. Zunächst einmal hatte man sich mit den Männchen seines Alters einen Wettstreit mit Schubsereien und Hörnerstößen zu liefern, manchmal sogar mit älteren und massigeren Männchen, und all das nur, um die Aufmerksamkeit einer Gefährtin zu erlangen. Und selbst dann noch musste man mit ihr Verfolgungsjagden und Kämpfe absolvieren, um richtig nahe an sie heranzudürfen, und nach dem, was er gesehen hatte, fragte er sich wirklich, ob die wenigen

Minuten Beglückung, nach der es ja immerhin aussah, all diese Mühen und Schmerzen des Kampfes wirklich wert waren.

Toto hätte sich daran freuen können, bald kein Raubtier mehr fürchten zu müssen, aber Nashörner haben ihre Mühe damit, sich die Zukunft auszumalen. Und solange er noch nicht ganz ausgewachsen war, musste er sich immer noch vor Löwinnen in Acht nehmen, besonders wenn sie im Rudel unterwegs waren. Andererseits zogen sie Antilopen bei Weitem vor, denn die waren zwar flink, aber gefahrlos zu erlegen.

Wenn die Sonne unterging und eine weitere einsame Nacht bevorstand, fragte sich Toto manchmal, wozu sein Leben eigentlich gut war. »Diese Welt ist nicht für mich gemacht«, sagte er sich dann oder manchmal auch in abgewandelter Form: »Ich bin nicht für diese Welt gemacht.«

Auch der junge Isaac sagte sich, dass diese Welt nicht für ihn gemacht war, jedenfalls *seine* Welt nicht – die eines kleinen Dorfs unweit des Parks, in dem Toto und seine Artgenossen lebten.

Dennoch war Isaac als Kind kein schlechter Schüler gewesen, zumindest nicht in Rechnen, aber mündlich war er zu schüchtern und konnte das, was er eigentlich gelernt hatte, nicht ordentlich hersagen. Seine kleinen Mitschüler machten sich schon mal zum Kichern bereit, wenn der Lehrer ihn an die Tafel rief. In der fünften Klasse bemerkte eine neue Lehrerin, Schwester Marie-Thérèse, glücklicherweise, dass Isaac einige Fähigkeiten hatte und es vielleicht verdiente, zum weiteren Schulbesuch in die Stadt geschickt zu werden.

»Ja«, hatte sie zu Isaacs Mutter gesagt, »er ist schüchtern, und er stottert, aber trotzdem ist er ziemlich begabt, besonders in Mathe.« Die Mutter hatte der Ordensschwester mit einer Mischung aus Freude und Traurigkeit zugehört; es freute sie zu erfahren, dass ihr Sohn begabt war, aber es machte sie traurig, weil ihr die Mittel fehlten, ihn in die Stadt zu schicken, wo sie keine

Verwandten hatte, die ihn hätten beherbergen und verpflegen können.

Und so blieben für Isaac nur die Arbeit auf den Feldern und das Hüten der Kühe, und später würde er in eine Fabrik oder auf eine Baustelle gehen müssen. Einst hatten die jungen Männer des Dorfs ihre Tüchtigkeit bewiesen, indem sie einen Löwen getötet hatten, aber diese Tradition hatte sich schon lange verloren, und nur ein paar alte Männer erinnerten sich noch an die Zeit, als ihre Väter mit Speeren in den Busch gezogen waren.

Schwester Marie-Thérèse kümmerte sich um Isaac noch ein weiteres Jahr, so gut sie konnte – sie ließ ihn langsam aus einem Buch vorlesen, das sie sehr mochte. Es erzählte die Geschichte eines kleinen Prinzen, der auf einen Planeten gefallen war, und als Isaac den Text fast schon auswendig konnte, stotterte er viel weniger. Aber eines Tages wurde die Schwester in ein anderes Dorf geschickt, und irgendwann verlor Isaac das Buch, das sie ihm dagelassen hatte, oder es wurde ihm gestohlen, da war er sich nicht so sicher. Immerhin erinnerte er sich noch gut an seinen Lieblingssatz: »Man sieht nur mit dem Herzen gut.«

Isaac beschloss, dass jenes Jahr in der fünften Klasse das beste seines Lebens gewesen war, und wenn er sich diese Frage alle Jahre wieder stellte, war seine Meinung unverändert.

Letztlich zog Isaac es auch vor, im Dorf zu bleiben. Die Vorstellung, allein in einer Großstadt zu sitzen, ängstigte ihn, selbst wenn er dort vielleicht in einem Schlafsaal unterkommen würde, in dem er manche seiner ehemaligen Mitschüler wiedergetroffen hätte. Natürlich sah er, dass sich die Fortgegangenen von ihrem Lohn ein Moped kaufen konnten, mit dem sie am Wochenende ins Dorf kamen, und ein Handy, mit dem sie Nachrichten austauschten, aber wenn sie den Handyvertrag und das Benzin bezahlt hatten, blieb ihnen fast nichts mehr übrig, und Isaac sagte sich, dass er im Dorf all diese kostspieligen Geräte niemals brauchen würde und außerdem nicht von seiner Mama getrennt wäre.

»Und der Papa?«, werden Sie vielleicht auch hier fragen. Isaacs Papa hatte nicht die Zeit gehabt, der gute Vater zu sein, der er hätte sein können. Er war mit seinem Fahrrad auf einer Landstraße gefahren und hatte sich gerade noch darüber gefreut, dass seine Frau ein Kind erwartete (den künftigen Isaac), aber da war ein Lastwagen zu dicht an ihm vorbeigefahren, weil der Fahrer zu viel Bier getrunken hatte, und schon hatte Isaac keinen Papa mehr.

Seine Mutter erzählte ihm oft von diesem Papa und erklärte Isaac, was für ein guter und fleißiger Mann er gewesen sei und wie er alle positiven Eigenschaften in sich vereint habe. Sie hatte nicht wieder geheiratet und keine weiteren Kinder bekommen.

Vielleicht lag es daran, dass Isaac im Dorf bleiben wollte; er hing zu sehr an seiner Mutter, die ihn allein aufgezogen und sie beide durchgebracht hatte mit einer einzigen Kuh und den paar Morgen Süßkartoffel- und Hirseacker, die sie von ihrer Familie geerbt hatte.

Ein Foto vom Papa im Sonntagsanzug hing an der Wand des Zimmers, in dem Isaac und seine Mutter schliefen, und wenn Isaac sein Gebet zu Gott beendet hatte, schob er manchmal noch eines zu seinem Vater nach, damit er sie weiterhin beide beschützte.

Nach alledem finden Sie womöglich, dass Isaac gar nicht so schlecht ins Leben hineingefunden hatte, aber da täuschen Sie sich. Denn Glück bedeutet auch, dass man fühlt, ungefähr so wie die anderen zu sein, und bei Isaac war das nicht der Fall. Zunächst mal war er in Fußball eine Niete, was für einen Jungen seines Alters wirklich ein Handicap ist. Alle Dorfjungen improvisierten nach Schulschluss immer wieder kleine Fußballmatches, und die Jugendlichen hatten sogar eine Mannschaft, die gegen die Teams der Nachbardörfer antrat. Wenn man Isaac einen Ball zuspielte, haute er daneben oder schoss ihn in die verkehrte Richtung, ganz zu schweigen davon, dass er mit dem Bein oft so sehr ausholte, dass es ihn selbst zu Boden riss. Niemand mochte ihn in seiner Mannschaft haben, was für Isaac eine Erleichterung war, denn so war er von der Last des Fußballspielens befreit. Wenn es ein großes internationales Match gab, versammelten sich am Abend alle Dorfbewohner – nun ja, zumindest die Männer und Jungen – im überdachten Schulhof, wo der Dorfhäuptling (der mehrere Kühe besaß) seinen Fernseher zur Verfügung stellte, damit alle das Spiel mitverfolgen konnten. Das klappte jedenfalls, wenn das Stromaggregat nicht gerade kaputt war. Isaac nahm an diesen Festivitäten niemals teil; es wäre ihm lächerlich vorgekommen, so zu tun, als interessiere er sich für Fußball.

Nicht nur, dass Isaac beim Fußball eine Flasche war, er hatte auch sonst keine Fähigkeiten außer vielleicht solche, die in der Schule etwas nützen. Im Dorf brachten sie ihm jedoch gar nichts. Er war für den Ackerbau nicht besonders robust und ermüdete früher als die anderen; für einen guten Kuhhirten war er zu zerstreut, sodass ihm nur seine Mutter ihre Kuh anvertraute, und mit den Händen war er so ungeschickt, dass ihn kein Handwerker im Dorf als Lehrling behalten hatte. Die Leute waren nicht gemein zu ihm, denn sie achteten seine Mutter, aber hinter vorgehaltener Hand nannten sie ihn den »armen Isaac«.

Isaac hatte sich mit der Zeit an seine Lage gewöhnt und konnte sie einigermaßen ertragen, aber schon nahte eine neue Quelle des Leidens: Er verliebte sich.

Joséphine wohnte im Nachbarhaus, und er kannte sie seit der Schulzeit. Als sie Kinder waren, gehörte sie zu den Mädchen, die sich niemals über Isaac lustig machten, wenn er an der Tafel ins Stammeln geriet. Sie hatten oft miteinander gespielt, denn als Kind verstand sich Isaac besser mit den Mädchen, sodass manch einer Späße darüber machte und Isaacs Mutter schon beunruhigt war, denn in diesem Dorf und überhaupt auf diesem Kontinent hatte man eher traditionelle Ansichten darüber, wer wen lieben durfte.

Bisher hatte sich daran auch nichts geändert, denn sobald die Mädchen und die Jungs herangewachsen waren, blieb jedes Geschlecht weitgehend unter sich; Joséphine war an eine Schule in der Stadt gegangen, wo die Mädchen eine hübsche Uniform trugen – weiße Bluse und marineblauer Rock –, und ins Dorf kam sie nur noch in den Ferien.

Wenn sie da war, traf sie sich mit Isaac am Zaun, der ihre Gärten voneinander trennte (eigentlich war es kein Zaun, sondern eine Reihe von Bohnenstangen). Dort redeten sie miteinander, und Joséphine erzählte ihm von der Stadt oder jedenfalls von ihrem Leben im Mädchenpensionat, während er ihr vom Dorfleben berichtete. Damit brachte er sie zum Lachen, denn wie so manche Menschen, die sich ein wenig im Abseits fühlen, hatte Isaac einen guten Sinn für Humor entwickelt, um das Leben besser ertragen zu können.

Natürlich spürte Joséphine, dass Isaac in sie verliebt war. Und sie? Sie wusste nicht so recht, aber auf jeden Fall wusste sie, dass ihre Familie jemanden wie Isaac niemals akzeptiert hätte, und auch wenn sie inzwischen ein großes Mädchen war, das in der Stadt lernte, erlaubte sie sich nicht die Freiheit, anders als ihre Familie zu denken. Und selbst wenn sie Isaacs verliebte Blicke genoss, die sich leicht auf sie niedersetzten wie sanfte Tauben, und Isaacs Humor mochte, der sie zum Lachen brachte – es gab in ihr so etwas wie eine Sperre gegen die Liebe.

Auch Toto war nun nicht mehr so allein. Nein, eine Gefährtin hatte er nicht gefunden, aber wenigstens einen Vogel, und zwar einen Madenhacker. Man sieht diese Tiere oft auf dem Rücken von Büffeln (gehen Sie, um sie besser betrachten zu können, lieber nicht so dicht heran), aber sie siedeln sich auch auf Rhinozerosrücken an (gleicher Ratschlag) und halten diese von Insekten und Parasiten frei, wodurch sie das Nützliche mit dem Angenehmen verbinden, was auch für das Nashorn gilt.

Der Vogel war froh, dass er sich Toto ausgesucht hatte, denn dessen mangelndes Interesse an Wettkämpfen mit anderen Männchen machte ihn zu einem sehr ruhigen Nashorn, und auf seinem Rücken konnte man friedlich fressen und schlafen. Im Gegenzug war er stets bereit, Toto vor möglichen Gefahren zu warnen: vor wütenden Elefantenkühen, hungrigen Löwenweibchen und natürlich auch vor den gefährlichsten aller Tiere, den Zweibeinern. Denn anders als Toto, der ihnen noch nie begegnet war, kannte der Vogel sie nur zu gut – diese Teufelsbrut hatte ihm schon ein Nashorn und einen Büffel unter den Füßen weggeschossen. Und dabei waren es doch eigentlich zerbrechliche Kreaturen, die auf ihren schmächtigen Beinen nicht schnell unterwegs waren, aber sie trugen eben auch diese Stöcke, die mit Donnergeräuschen töten konnten.

Toto mochte die Gesellschaft des Vogels, er fühlte sich nun weniger allein. Ihre Vorfahren hatten sich seit Millionen von Jahren Seite an Seite entwickelt; der Vogel und das Nashorn verstanden sich gut, und ihre Gespräche lenkten Toto ein wenig von seiner Einsamkeit ab.

»Wenn ich einfach so aufs Geratewohl losmarschieren würde, glaubst du, dass ich dann auf Mama treffen könnte?«

»Der Park ist sehr groß.«

»Ja, aber angenehme Stellen mit Schatten und Wasserquellen gibt es nicht gerade haufenweise ...«

»Wie viele siehst du denn von hier aus?«

Toto ließ seinen Blick über die Landschaft schweifen. Wie alle seine Artgenossen hatte er keinen gut entwickelten Gesichtssinn, aber er konnte zwischen seinem Standort und dem Horizont bereits verschiedene Baumgruppen ausmachen, von denen einige vermutlich nahe einer Wasserstelle lagen.

»Stimmt«, sagte Toto, »eine ganze Menge.«

»Und nun stell dir vor, dass wir dort hinten hingehen, bis nach ganz, ganz hinten – na ja, und von dort aus würdest du noch viele andere sehen.«

An diesen Überlegungen erkannte Toto, dass der Vogel intelligenter war als er. Trotzdem fragte er sich, ob er nicht lieber weiter gehofft hätte, eines Tages zufällig auf seine Mutter zu treffen.

»Andererseits«, sagte der Vogel, »gibt es keinen Grund zur Annahme, dass sie sich ans andere Ende des Parks verdrückt hat ...«

Der Vogel hatte Totos Traurigkeit gespürt und wollte ihn nun trösten. Deshalb verkniff er sich auch den Zusatz: »... aber ich bin nicht sicher, ob sie sich über ein Wiedersehen freuen würde.«

Eine Epidemie war über die Erde gefegt, und überall waren Fabriken geschlossen worden, auch die, in denen die jungen Leute aus dem Dorf gearbeitet hatten. Die Felder und die Kühe reichten nicht mehr, um alle zu ernähren. Also suchten die Leute nach Ideen, um irgendwie klarzukommen. Eines Abends hatten sich die jungen Männer im überdachten Schulhof versammelt, und Tomé, ein ziemlich großmäuliger Typ, der ins Dorf zurückgekehrt war, nachdem sie seine Fabrik geschlossen hatten, erklärte den anderen, dass in China Rhinozeroshörner so teuer wie Gold seien, ja sogar noch ein bisschen teurer. Und in der Stadt kenne er jemanden, der sie aufkaufen würde. Bei der Vorstellung, dass sich ein Rhinozeroshorn in Gold verwandeln würde, gerieten alle ins Träumen. Auch wenn sie für das Horn in der Stadt einen viel geringeren Preis erzielen würden als später der Weiterverkäufer an die Chinesen, konnte es dem Dorf doch ein wenig Wohlstand bringen.

»Wer kommt mit, um so ein Horn zu beschaffen?«, fragte Tomé.

Zuerst herrschte allgemeines Schweigen: Jeder wusste ja, dass es verboten war, ein Tier aus dem Nationalpark zu töten, und wenn die Ranger einen schnappten, landete man im Gefängnis – von den Gefahren der Nashornjagd mal ganz abgesehen.

Isaac aber sagte sich, dass er nun endlich die Chance hatte, jemand zu werden. Und zwar ein Jemand in wessen Augen? Nun, das ist leicht zu erraten.

Toto war gerade aufgewacht und noch ganz erfüllt von einem wirren und süßen Traum, in dem er an seine Mutter geschmiegt geschlafen hatte. Aber als die Sonne aufging, kam er wieder in der Wirklichkeit an. Kein anderes Nashorn war in seiner Nähe, nur der Vogel auf seinem Rücken. Aber plötzlich streifte ein kaum wahrnehmbarer Geruch an seinen Nasenlöchern vorüber. Er erstarrte.

Er steckte nicht mehr in seinem nächtlichen Traum, nein, er war ganz und gar wach, und doch spürte er deutlich, dass ihm der Wind den süßen Duft seiner Mutter zutrug! Er war sich vollkommen sicher. Aber im nächsten Moment war der Hauch auch schon wieder verflogen.

Toto erhob sich und stapfte mit eiligen Schritten los, das Horn ein wenig vorgereckt, um besser schnuppern zu können. Das weckte den Vogel, der auf seinem Rücken geschlafen hatte. Sofort suchte er die Umgebung nach möglichen Gefahren ab.

»Was ist los mit dir? Wo gehen wir hin?«

»Ich habe Mama gerochen«, sagte Toto.

Da brauchte man gar nicht weiter zu fragen. Dieser junge Idiot würde einmal mehr schnurstracks in eine Enttäuschung rennen – sei es, dass er den Geruch seiner Mutter mit dem eines anderen Tieres verwechselt hatte, sei es, dass er sie am Ende tatsächlich wiederfand. Der Madenhacker kannte die Nashörner lange genug, um zu wissen, dass sie ihm keinen herzlichen Empfang bereiten würde.

Sie kamen an einer kleinen Gruppe von Antilopen vorbei, und von seiner erhöhten Warte aus erblickte der Vogel zwei Löwinnen, die durch das hohe Gras schlichen, auf die Huftiere zu. Er stieß seinen Warnruf aus, und die Antilopen erstarrten. Gut, nun wussten sie Bescheid. Auch die Löwenweibchen verharrten unbeweglich.

»Was ist denn?«, fragte das Nashorn. »Ich sehe nichts.«

»Da sind Löwinnen.«

»Sollen sie doch kommen, dann zertrampele ich sie«, rief Toto, der in sich bereits Wut verspürte auf alles, was ihn von seiner Mutter trennen konnte.

»Ich habe die Antilopen gewarnt.«

»Na, da werden die Löwinnen jetzt ganz schön sauer auf dich sein.«

Letztendlich ist der Dicke gar nicht so blöd, dachte der Vogel. Wenn die Raubkatzen nun den Plan schmiedeten, ihn mitsamt seinem Nashorn in einem Aufwasch zu erledigen? Aber nein, die Löwinnen hatten genügend Antilopen zum Erjagen, und Toto wäre ein viel zu gefährliches Beutetier gewesen.

Toto hatte sich auf eine Gruppe dorniger Bäume zubewegt, oben auf einer kleinen Bodenwelle, und der Vogel fragte sich, was der Grund dafür sein mochte.

»Warum rennst du ausgerechnet dorthin?«

»Mir ist wieder eingefallen, dass es hinter diesen Bäumen eine Wasserstelle gibt. Vielleicht ist sie ja dort.«

»Zu dieser Stunde gibt es da vielleicht auch Elefanten.«

»Macht nichts, wir werden schon miteinander klarkommen, ich will ihnen ja nichts Böses.«

»Und wenn es Elefantenkühe mit ihren Jungen sind?«

»Ihre Jungen sind mir total schnurz, ich will einfach nur Mama wiedersehen.«

All das klang einigermaßen vernünftig, und doch spürte der Vogel, dass etwas nicht stimmte. Aber was nur? Er blieb auf der Hut.

Unweit dieser Stelle war auch Isaac gerade aus einem wirren und süßen Traum erwacht. Er hatte geträumt, dass er in seinem Zimmer unter dem Foto seines Papas schlief. Aber als er die Augen öffnete, lag die unbarmherzige Wirklichkeit vor ihm ausgebreitet – die in gelbliches Licht getauchte Savanne. Und wieder überwältigte ihn die Angst.

Letzte Nacht, was für eine Katastrophe, hatte er sich verirrt und die anderen aus der Gruppe nicht mehr wiedergefunden. Plötzlich stand er allein da, mehr schlecht als recht verborgen in einem Gebüsch und mit genügend Wasser in seiner Kürbisflasche, um den Tag über durchzuhalten. Er hatte sich ausgemalt, wie er inmitten seiner Kameraden auf Expedition ging, nicht aber, dass er eine Nacht ganz allein im Busch verbringen musste, zu Tode erschrocken über das mehr oder weniger nahe Fauchen der Raubkatzen. Als die Nacht am tiefsten war, hatte ihn der Schlaf hin und wieder von seiner Angst befreit, aber nun war er wach, und das Entsetzen war zurückgekehrt.

An sich gedrückt hielt er ein riesiges Gewehr, das für die Elefantenjagd vorgesehen war. Ein weißer Jäger hatte es vor Isaacs Geburt im Dorf zurückgelassen. Aber nun beruhigte die Waffe Isaac ganz und gar nicht. Am Abend zuvor hatte er mit den anderen schießen geübt und ohne große Verwunderung festgestellt, dass er auch kein guter Schütze war. In der Gruppe hatten sie ihn als Träger akzeptiert – für das Gewehr, das künftige Beutegut in Gestalt des Rhinozeroshorns und für das Fleisch des Tieres, wofür er ein riesiges Messer zum Ausweiden mitführen musste.

Er begann ganz stark an Joséphine zu denken. Seine Lage schien ihm beinahe hoffnungslos, aber es machte ihm Mut, wenn er an das Mädchen dachte, in das er verliebt war. Er musste sich ihre Liebe erst verdienen.

Nicht weit von dort wachte noch jemand auf; im Grunde war es gar kein richtiges Erwachen, denn er hatte nur halb geschlummert. Und er hatte Hunger. Es war ein alter, einzelgängerischer Löwe, was erst einmal majestätisch klingt, aber eigentlich besagt, dass er von einem kraftstrotzenden jungen Löwen aus dem Rudel verjagt worden war. Dieser hatte sich alle Weibchen des alten Löwen angeeignet und griff ihn nun wütend an, sobald er versuchte, sich zu nähern. In Keuschheit leben zu müssen, machte dem alten Löwen keine Angst mehr, aber der Ausschluss aus dem Rudel hatte dennoch tragische Folgen: Künftig musste er allein jagen, statt in aller Ruhe darauf zu warten, dass ihm seine Löwinnen die Beutestücke herbeitrugen.

Und die Jagd fiel ihm zunehmend schwerer. Es begann schon damit, dass seine imposante Mähne im hohen Gras schlecht zu verstecken war, selbst wenn er sich geduckt anschlich. Auch im Anschleichen und Kriechen war er nicht mehr gut, denn seine Gelenke schmerzten. Und er hatte schon gemerkt, dass er nicht mehr über die explosive Energie verfügte, die nötig war, um eine losrennende Antilope zu erwischen, bevor sie das Tempo erreichte, das diese kleinen Biester uneinholbar machte.

Am Vorabend hatte er sich mit Hyänen um ein halb ausgeweidetes Gnu gestritten, doch auch dabei hatte er schließlich den Rückzug antreten müssen. Eine einzelne Hyäne hätte ihm keine Angst gemacht, aber in der Gruppe hätten sie sogar ein stärkeres Löwenmännchen in die Flucht geschlagen.

Und jetzt peinigte ihn wieder der Hunger.

Er hatte das vage Vorgefühl, dass er sterben würde und die Hyänen sich bald um sein Aas stritten. In der Nähe erblickte er eine Baumgruppe. Vielleicht würde er dort auf ein Tier stoßen, das im Schatten schlief?

Isaac sagte sich, dass er nicht ewig hier hocken konnte; irgendwann würde die Sonne ihn braten. Sollte er nicht bis zu der Baumgruppe dort hinten gehen, die ihm Schatten spenden würde? Zweihundert Meter in offenem Gelände. Ein Stück weiter standen ein paar grazile Antilopen und beobachteten ihn regungslos. Er ließ sie nicht aus den Augen: Wenn ein Raubtier nahte, würde er sie rechtzeitig fortrennen sehen. Und so machte sich Isaac auf den Weg.

Er hatte die halbe Strecke zurückgelegt, als er ein dumpfes Trampeln hörte. Er drehte sich um und erblickte ein Nashorn, eine große steingraue Masse, die in seine Richtung trottete. Isaac dachte nicht einmal daran, zu schießen; er fühlte sich außerstande, ein solches Tier zu stoppen. Stattdessen kauerte er sich auf den Boden und machte sich so klein wie möglich. Aber wenn ihn das Nashorn vielleicht auch nicht gesehen hatte – wittern konnte es ihn auf jeden Fall. »Man sieht nur mit dem Herzen gut ...«, kam es Isaac wieder in den Sinn, aber bei einem Nashorn muss man »Herz« durch »Nasenlöcher« ersetzen, und vielleicht war es also Isaacs letzter Gedanke gewesen.

Das Trampeln kam noch einmal näher, und dann rief sein Vogel.

»Warum schreist du?«

»Dort im Gras habe ich einen Zweibeiner entdeckt!«

»Den mache ich platt ...«

Also wirklich, Toto schien außer sich. War es die Ungeduld, seine Mutter bald wiederzusehen, oder begann er das übliche Wesen eines halbstarken Nashorns anzunehmen?

»Nein«, sagte der Vogel, »dieser Zweibeiner ist allein. Er hat sich versteckt, weil er Angst hat.«

»Na schön«, meinte Toto.

Isaac vernahm, wie sich das Getrampel entfernte; das Rhinozeros war ganz nahe an ihm vorbeigerauscht wie ein Zug, der ja auch auf seinen Schienen bleibt und nicht mal kurz einen Schlenker macht. Isaac atmete tief durch und merkte erst jetzt, dass er die ganze Zeit seinen Vater inständig angefleht hatte. In seinem Kopf hatte sich eine lange Litanei gebildet: Papa, Papa, Papa, Papa ... Denn mit all seinen guten Eigenschaften hätte sein Vater ihn beschützen können, und vielleicht hatte er es ja wirklich getan. Schwester Marie-Thérèse wäre es sicher lieber gewesen, wenn er zu Jesus gebetet hätte oder notfalls zur Jungfrau Maria, aber Isaac wusste, dass sein Vater eine ganz und gar reale Figur gewesen war, während er diese himmlische Mutter und ihren Sohn, den sie nicht einmal vor dem Opfertod hatte retten können, nicht besonders vertrauenswürdig fand.

Er richtete sich auf, und weil er noch immer schrecklich ungeschützt im gleißenden Sonnenlicht stand, eilte er zur Baumgruppe hinüber.

Als Toto den Baumstreifen auf dem kleinen Hügel durchquert hatte, sah er den Teich unten vor sich liegen. Er erkannte die Umrisse mehrerer Großtiere. Sollte seine Mama unter ihnen sein? Nein, er sah jetzt deutlich, dass es Elefantenkühe mit ihren Jungtieren waren.

Und trotzdem fing er wieder jenen Geruch auf; es war unmöglich, eine Elefantenkuh roch doch nicht wie ein Nashorn!

»Ich rieche Mama!«, rief er verzweifelt.

»Hm, das ist seltsam«, sagte der Vogel, »ich sehe nur zwei Elefantenkühe mit ihren Jungen.«

»Lass uns nachschauen.«

»Aber sei trotzdem vorsichtig«, meinte der Vogel.

Da hatte er nicht unrecht, wenn auch der Grund ein anderer war: Die beiden Löwinnen hatten sich in Bewegung gesetzt und folgten Toto und seinem Madenhacker. Die Antilopenjagd war schiefgegangen, weil die Tiere sie erspäht hatten, und so blieb ihnen nur noch dieses junge Nashorn, das noch nicht so richtig groß war und auch nicht besonders aufgeweckt wirkte. Zu zweit und aus dem Hinterhalt hatten sie durchaus eine Chance.

Aber ... ah! ... da gab es doch noch etwas viel Interessanteres!

Der Vogel hatte die Löwenweibchen nicht bemerkt, mit seinen Blicken suchte er den Teich ab. Und plötzlich wurde ihm alles klar.

»Ich weiß, woher der Geruch kommt – schau mal, dort unten!«

Und was sah Toto, als er zum Teich hinabblickte? Ein kleines Nashorn, das seelenruhig Wasser trank.

Ein kleines Nashorn, das wie seine Mutter roch?

»Das ist dein Bruder«, sagte der Vogel.

Er wusste, dass Toto es auch allein herausgefunden hätte, aber er wollte die Sache abkürzen, denn es war nicht gut, lange an diesem Teich zu verweilen, an dem jeden Moment Raubtiere aufkreuzen konnten.

Toto schaute auf seinen kleinen Bruder; er wusste nicht recht, ob er zu ihm hingehen oder lieber kehrtmachen sollte. Seine Mutter jedenfalls war nicht zu sehen.

Vielleicht hatte sich das kleine Nashorn verlaufen? Aber es schien überhaupt nicht beunruhigt zu sein. Toto sagte sich, dass sie zwar Brüder waren oder zumindest Halbbrüder, aber einen sehr unterschiedlichen Charakter hatten.

In diesem Augenblick sah er, wie die beiden Löwinnen aus dem hohen Gras sprangen und auf das kleine Nashorn zurannten.

Manchmal hat es einen Vorteil, wenn man nicht sehr intelligent ist – man verliert keine Zeit mit Nachdenken.

Die erste Löwin wusste nicht, wie ihr geschah, aber die zweite schon; sie konnte Totos Angriff ausweichen und wendete sich nun gegen ihn.

Toto schlug nach allen Seiten aus, während die Löwin sich an seinem Rücken festkrallte und ihn zu beißen versuchte; er warf sie ab und stürmte erneut auf die erste Löwin zu, die sich wieder aufgerichtet hatte, aber da sprang ihn die andere Raubkatze erneut an.

Der Vogel flog mit lautem Geschrei über der Kampfszene hin und her; er hoffte, dass sich die Elefantenkühe einmischen und Toto zu Hilfe eilen würden, aber die machten sich lieber schnell aus dem Staub und schirmten ihre Kleinen ab, fürchteten sie doch die Ankunft weiterer Raubtiere.

Toto schlug sich gut, aber die Löwinnen ließen nicht locker.

Das kleine Nashorn rannte um sie herum und versuchte ebenfalls, die Löwinnen anzugreifen, aber es war nicht schnell genug auf seinen kleinen Beinen, um dem Kampf zu folgen, dessen Schauplatz sich verlagerte. Eine Staubwolke wirbelte auf.

Der Vogel war beunruhigt, er wusste, dass Toto nicht die Oberhand behalten würde, wenn es beiden Löwinnen gleichzeitig gelang, sich an ihm festzukrallen. Er sagte sich traurig, dass er sich wohl bald nach einem neuen Nashorn umschauen musste.

Doch plötzlich erschien das große Rhinozerosweibchen auf der Bildfläche.

An den folgenden Tagen konnte man in der Savanne ein seltsames Schauspiel mitverfolgen – ein Nashorntrio. Zunächst einmal war da ein Weibchen, riesig, mit Flanken wie Mauern. Sie lief Seite an Seite mit einem jungen, noch nicht ausgewachsenen Nashorn, dessen Lederhaut schon von Narben überzogen war, wie man es sonst nur bei älteren Tieren sieht. Und zwischen den beiden, in ihrem Schatten, trottete ein kleines, noch blasshäutiges Nashorn, das hin und wieder seine Schnauze an seiner Mutter rieb.

»Letzten Endes hast du dich wacker geschlagen«, sagte der Vogel.

»Ich hatte ja gar keine Zeit zum Überlegen.«

»Ja, das war mir klar. Zum Glück hat deine Mutter ...«

»Ach, ich hätte es auch ohne sie geschafft. Ich hätte sie zermalmt, diese dreckigen Löwenweiber!«

Und der Vogel begriff, dass Toto allmählich ein richtiges Nashorn wurde.

Unter den Bäumen hatte Isaac den Kampf mit angesehen und erlebt, wie die Löwinnen Reißaus nahmen. Eine von ihnen würde für den Rest ihres Lebens hinken, und wenn man den Busch kannte, wusste man, dass es kein langer Rest sein würde.

Auch der alte Löwe hatte alles gesehen. Er lauerte nur ein paar Meter von Isaac entfernt, unbeweglich wie der Baumstamm, hinter dem er sich versteckte. Wenn er auf den zarten Rücken dieses Zweibeiners schaute, lief ihm das Wasser im Maul zusammen. Dort würde er seine Krallen einschlagen, und diesen Nacken da würde er zwischen seine Fangzähne nehmen. Aber zugleich spürte er ein Taubheitsgefühl in den Beinen; jetzt bereitete ihm sogar die Unbeweglichkeit schon Schmerzen. Er rührte sich ein wenig, und unter seinen Tatzen knackte ein Zweig.

Und die Sonne vollendete ihre Bahn, die Nacht breitete sich über dem Buschland aus, die Raubtiere wurden munter, die Antilopen schliefen nicht viel, und im Dorf war alles still. Nur nicht in Isaacs Haus, wo seine Mutter weinte.

Von dem Trupp junger Männer, die in den Nationalpark ausgezogen waren, war allein ihr Sohn nicht zurückgekehrt.

Von Zeit zu Zeit kniete sie vor seinem Bett nieder und legte ihre Ellbogen darauf, um mit gefalteten Händen zu beten. Sie flehte die Jungfrau Maria an, ihren Sohn diese Nacht noch einmal zu beschützen.

Aber wer konnte im Busch schon zwei Nächte hintereinander überleben, wenn er ganz auf sich allein gestellt war?

Am nächsten Tag ging ein Gerücht durchs Dorf.

Jemand war auf der Straße aufgetaucht, noch fern am Horizont. Ein Mann, der ausschritt.

Und als er näher kam, erkannte man ihn – es war Isaac!

Die Leute rannten aus ihren Häusern, um seine Ankunft mitzuerleben.

»Ja, es ist Isaac!«

»Nein, das ist ein fremder Mann.«

»Aber nein, schaut doch selbst, er ist es wirklich!«

Noch größer war die Überraschung, als man entdeckte, welche Last ihm am Rücken hinabhing: ein gewaltiges Löwenhaupt, zerzaust und blutig.

Ein paar junge Männer rannten auf Isaac zu, noch voller Zorn auf diesen ewigen Trottel, der ihnen die Nashornjagd vermasselt hatte. Dann waren sie plötzlich ganz still, denn sie sahen, was er auf den Schultern trug.

Als Isaac auf dem Dorfplatz angelangt war, in seinem Schlepptau die Kinder, die das Maul des Ungeheuers berühren und an seiner Mähne ziehen wollten, erblickte er zuerst seine Mutter, die weinend auf ihn zulief.

Und dann Joséphine auf der Schwelle ihres Hauses.

Während seine Mutter ihn zitternd an sich drückte, konnte er seinen Blick nicht mehr von Joséphines Augen wenden. Mit ausgebreiteten Armen trat sie näher.

Und Isaac dankte seinem Vater, von dem er ganz sicher beschützt worden war, als er das Knacken hinter sich gehört und sich umgedreht und geschossen hatte – so schnell wie ein Fußballchampion.

SECHS

Der beste Therapeut

Es war einmal ein Hund, der einem Psychiater gehörte. Oder eigentlich war er am Anfang gar nicht seiner gewesen, sondern der Hund einer jungen Frau, die jenem Psychiater ziemlich nahestand, so nahe, dass sie beinahe zwei Jahre lang zusammengelebt hatten. (Es war das erste Mal, dass sie so lange bei ein und demselben Mann geblieben war.)

Und dann hatte sie eines Morgens zu ihm gesagt: »Weißt du, ich überlasse dir Rory; so hast du jemanden, der dir Gesellschaft leistet. *Er* wird dich bestimmt nicht so ermüden, und mit ihm brauchst du auch nicht zu reden.«

»Aber … ähm, warte mal …«, hatte der Psychiater gesagt, der gerade erst aufgewacht war und noch im Bett lag.

»Mach's gut, ich gehe lieber gleich, denn sonst fange ich wieder an, dich zu verabscheuen, und das mag ich nicht.«

Als sie fort war, schauten Rory und Robert (denn so hieß der Psychiater) sich schweigend an, und dann legte der Hund seinen Kopf auf die Bettdecke, genau dort, wo die Knie seines neuen Herrn waren.

Rory war ein großer, kastanienbrauner Setter mit langem Fell und karamellfarbenen Augen, die intelligent in die Welt schauten.

Seine Besitzerin hatte ihn von einem Mann bekommen, mit dem sie zusammengelebt und der sie verlassen hatte. Er hatte ihr Rory mit folgenden Worten vermacht: »Weißt du, wenigstens er

wird dich immer lieben, auch wenn du ihn schlecht behandelst.«
Danach war er im Amazonas-Regenwald verschwunden, wo er
seine Dissertation über einen ebenfalls schon fast verschwunde-
nen Indianerstamm beenden wollte.

Der Psychiater stand auf, schüttete Trockenfutter in Rorys Fressnapf und sagte sich dabei, dass er aufpassen musste, nicht zu sehr
zu leiden.

Sie war nun also weg, in der Wohnung herrschte Stille, aber
sonst hätte es ein ganz gewöhnlicher Morgen sein können, an
dem sie zur Arbeit gegangen oder zu ihren Eltern aufgebrochen
war. Allein der Gedanke, dass sie ihn diesmal für immer verlassen hatte, machte den Unterschied, denn sonst hätte man gar nicht
gemerkt, dass etwas anders war. (Außer man hätte die Schub-
laden aufgezogen, denn die hatte sie sorgfältig geleert.) Es war
einmal mehr der Beweis dafür, dass es unsere Gedanken sind,
die uns glücklich oder unglücklich machen – genau wie er es seinen Patienten immer erklärte.

Dass er an seine Patienten dachte, konnte ihn noch einige
Sekunden ablenken, und dass ihm in den Sinn kam, er sollte mit
Rory Gassi gehen, noch ein paar weitere, aber dann, wums!,
schlug die Woge des Schmerzes, die sich hinter seinem Rücken
allmählich aufgetürmt hatte, voll über ihm zusammen. *Er würde
nie mehr spüren, wie sie sich in seine Arme schmiegte oder sich
ihm an den Hals warf und ihn mit Küssen verschlang; er würde
sie nie mehr lachen sehen; nie wieder würden sie gemeinsam die
herrlichsten Landschaften erkunden, nie mehr leidenschaftliche
Diskussionen haben.* Diesmal wusste er, dass es wirklich vorbei
war. Sie hatte ihn ja schon einige Male verlassen, aber jetzt spürte
er, dass dies der wahre Abschied war.

Achtung, sagte er sich, als ihn ein schreckliches Entzugsemp-
finden überfiel, dir kommen nur all die schönen Erinnerungen,
du vergisst gerade alles, was nicht gut war.

Denn in diesem Augenblick hatte er tatsächlich ihre unkontrollierbaren Wutanfälle vergessen, bei denen sie ihm ins Gesicht brüllte, wie sie ihn hasse; die Abende, an denen sie übel gelaunt war und eine Flappe zog, auch wenn sie sich mit Freunden trafen; ihre Anfälle von Verzweiflung am Morgen, wenn sie sich weigerte, das Bett zu verlassen; ihre verkorksten gemeinsamen Urlaubsreisen, auf denen sie gleich bei der Ankunft von tiefster Abneigung gegen das Traumziel ergriffen wurde (ein Ziel, das sie selbst ausgesucht hatte); ihren schon bei der ersten Begegnung manifestierten Widerwillen gegen manche seiner Freunde (und ganz besonders gegen die Frauen, mit denen er befreundet war).

Es war ihm völlig klar, dass er gerade das Gleiche vornahm wie seine sitzengelassenen Patienten: eine *positive Uminterpretation der Vergangenheit*. Das ist, wenn uns nur all die bezaubernden Erinnerungen an die Person, die uns verlassen hat, aufsteigen und die schlechten außen vor bleiben. Und der oder die andere schwelgt währenddessen vermutlich in einer *negativen Uminterpretation der Vergangenheit*, sagt sich, dass diese Beziehung oder Ehe sowieso keinen Sinn hatte, und vergisst dabei all die schönen Momente, sogar die aus der Anfangszeit. Denn wie schon das Sprichwort sagt – *Hast du deinen Köter satt, sag einfach, dass er Tollwut hat*. Als Robert die Worte in den Sinn kamen, schaute er Rory an; in dieser Geschichte war er nun selbst der Köter.

»Denk vor allem an die schlechten Erinnerungen«, mahnte er sich, als er mit Rory die Treppe hinabging. Er fand schnell welche, und wenn er sie immer wieder aufrief, konnte es ihm vielleicht gelingen, so etwas wie einen kleinen Deich gegen die guten Erinnerungen zu errichten.

Im Park sprang Rory vor ihm herum und verrichtete sein Geschäft ein Stück abseits vom Weg, denn er war ein wohlerzogener Hund. Robert wollte ihn wieder nach oben bringen, aber der Gedanke, die Wohnung leer vorzufinden, war einfach zu deprimierend und auch nicht gut für seinen noch unfertigen Deich, und so beschloss er, Rory zur Arbeit mitzunehmen.

Zuerst hatte er im Krankenhaus zu tun, wo er in einer Abteilung für etwas schwierige Jugendliche arbeitete.

»Oh, Doktor, haben Sie aber einen niedlichen Hund!«

Das kam von Tim, einem großen, leicht zurückgebliebenen Teenager, der die Tagesklinik besuchte. Tim war ungeschickt und ein wenig pummelig, und wegen seiner Kurzsichtigkeit trug er eine Brille mit dicken Gläsern. In seinem Ausbildungszentrum wurde er von Lehrlingen, die nicht ganz so benachteiligt waren wie er, oftmals bedrängt und gehänselt. Dann konnte er gewaltige Wutausbrüche bekommen oder auch versuchen, sich mit dem Medikament gegen Epilepsie (ein weiteres seiner Probleme) das Leben zu nehmen. Doch in der Tagesklinik, wo alle nett zu ihm waren, zeigte er sich liebenswürdig und beteiligte sich eifrig an allen Aktivitäten.

»Ein Hund?!«, rief Eva, ein großes, magersüchtiges Mädchen. In letzter Zeit hatte sie ein klein wenig zugenommen, sodass sie nicht mehr wie die Überlebende eines Konzentrationslagers aussah, sondern wie eine sehr, sehr dünne Ballerina.

»Ja, ein Hund.«

»Ich streichle ihn, ich streichle ihn«, sagte sie und fuhr Rory mit der Hand über den Kopf, und dann begann sie zu trällern: »Ein Hund, ein Hund, ein Hu-und«, denn die Anorexie war nicht ihr einziges Problem.

»Ah, Robert, Sie überraschen uns immer wieder«, rief Martha, die Oberschwester. Sie hatte es nicht mehr weit bis zur Rente, aber keiner konnte ihr das Wasser reichen, wenn es darum ging, eine Tagesklinik mit dreißig Problemjugendlichen zu managen, von denen Tim und Eva noch nicht einmal die schwierigsten waren.

»Es ist der Hund einer Freundin«, sagte Robert, als hätten

diese Worte die Macht, sie zurückkommen zu lassen. Aber nein, er musste aufhören, daran zu denken.

Auf jeden Fall wurde Rory von allen sofort angenommen – von den Behandelnden wie den Behandelten. Er ließ sich mit größter Ruhe berühren und kraulen und wedelte dabei ein wenig mit dem Schwanz, mehr aus Höflichkeit denn aus wahrer Freude, wie es Robert schien.

Danach nahm ihn Robert in sein Sprechzimmer mit, wo er die jungen Patienten empfing, die selbst um einen Termin gebeten hatten oder bei denen das Klinikteam zur Ansicht gelangt war, dass er sie dringend sehen müsse.

Manchmal kamen sie auch mit ihren Eltern, und dann versuchten sie, gemeinsam eine Lösung zu finden, und Robert half ihnen bei der schweren Prüfung, ein Kind zu haben, das nicht so war wie die anderen. Diesen Eltern riet er bisweilen, einen seiner Kollegen aufzusuchen, um sich dort selbst betreuen zu lassen. Rory hatte es sich zu seinen Füßen bequem gemacht, vor seinem Sessel. Er erhob sich nicht, wenn ein neuer Patient eintrat, sondern begnügte sich mit einem kurzen Aufblicken, wobei er den Kopf nicht von den Pfoten nahm. So blieb er liegen, bis die Leute aufstanden, und dann öffnete er noch einmal die Augen, um zu verfolgen, wie sie das Sprechzimmer verließen.

Man hätte denken können, dass er schon sein ganzes Leben lang Hund bei einem Psychiater gewesen war.

»Wirklich erstaunlich, dieser Hund«, sagte Nicole, die Psychologin der Tagesklinik. Sie hatte sich zu Robert an den Tisch gesetzt, um mit ihm über Eva zu sprechen, die gerade in den Korridoren herumirrte und fragte, wo denn »der Hund, der Hund, der Hu-und« sei, und das, wo sie sich doch seit Wochen für nichts und niemanden interessiert hatte.

»Es ist der Hund einer Freundin«, wiederholte Robert.

Nicole blickte ihn an. Sie waren eine kurze Zeit zusammen gewesen, als sie beide noch studiert hatten, und Robert fragte sich manchmal, ob er nicht einen Fehler gemacht hatte, als er mit dieser durch und durch guten, intelligenten und stabilen jungen Frau nicht zusammengeblieben war. Nicole aber schien sich solche Fragen nicht zu stellen, denn sie hatte gerade »einen sympathischen Burschen« geheiratet, der bei einer Bank arbeitete. »Er ist der normalste Typ, dem ich je begegnet bin«, hatte sie eines Tages gesagt, und Robert hatte sich gefragt, ob darin eine Anspielung auf ihn selbst lag.

»Du sagst, es ist der Hund einer Freundin, aber natürlich ist es *ihr* Hund. Hat sie dich jetzt endgültig sitzengelassen?«

Robert sagte sich, dass Nicole kein Psychologiestudium gebraucht hätte, um zu erraten, wie es um die Leute stand. Sie war seiner Partnerin nur zweimal begegnet, und Robert hatte Nicole als gute Bekannte vorgestellt, aber hinterher durfte er eine mächtige Szene über sich ergehen lassen: »Wenn du deine verflossenen Geliebten unbedingt wiedersehen willst – bitte schön. Aber *ich* will sie niemals zu Gesicht bekommen, hörst du? Nie, nie, nie!«

Nicole hatte die Situation nicht nur erraten, weil Rory ihm zu Füßen lag. Immerhin hätte er sich ja um den Hund kümmern können, während seine Partnerin auf Reisen war (sie arbeitete als Journalistin und hatte sich auf Umweltthemen spezialisiert: In allen Ecken der Welt suchte sie nach ökologischen Katastrophen und nach Schurken, die man anklagen konnte). Nein, er musste unwissentlich die Wellen der Verzweiflung eines Menschen ausstrahlen, den man abserviert hatte, und Nicole hatte das wahrgenommen und Rory vermutlich auch, denn er stand plötzlich auf, streckte sich und kam, um ihm die Hand lecken.

»Er ist wunderbar«, sagte Nicole. »Bringst du ihn jetzt jeden Tag mit?«

»Warum nicht?«, meinte Robert.

Und so kam es auch. Rory begleitete Robert jeden Morgen und ließ sich von all den jungen Patienten, die schon auf ihn warteten, anfassen und streicheln, von Tim beispielsweise und von Eva, die ihr Repertoire inzwischen erweitert hatte: »Du bist ein hübscher Hund, Rory, ein hübscher Hund, ein hübscher Hund ...« Aus unerfindlichen Gründen war ihr Appetit ein wenig zurückgekehrt, und sie hatte etwas zugenommen.

Rory nahm auch an den Beratungen teil, bei denen Nicole, Robert und Martha mit dem ganzen Betreuerteam über die Patienten sprachen. Dabei blieb er nicht zu Roberts Füßen sitzen. Er mochte es nicht, unter einen Tisch zu kriechen, und so stieg er lieber hinten im Raum auf ein kleines Podest, denn ursprünglich war hier ein Klassenzimmer gewesen. Und von dort aus dominierte er in der Haltung einer Sphinx die ganze Versammlung, bis er irgendwann den Kopf auf die Pfoten legte. Die Augen aber hielt er offen, damit er nicht etwa den Moment verpasste, in dem sich Robert zum Fortgehen anschickte.

Letztlich fand Robert es auch einfacher, Rory in die Privatpraxis mitzunehmen, in der er an manchen Nachmittagen arbeitete, um sich schöne Urlaubsreisen leisten zu können. Es war eine große und sehr schicke Wohnung, die man in mehrere Sprechzimmer für verschiedene Fachärzte aufgeteilt hatte. Sie hatten gern darin eingewilligt, dass Robert zu ihnen stieß, denn ein Psychiater ist in so einem Team immer von Nutzen, und da er außerdem eine angenehme Art hatte und seine Patienten sich in dem großen, mit Gemälden geschmückten Wartezimmer gut benahmen, fanden sie, dass er ein guter Teilhaber war.

Natürlich mochten auch hier alle Rory, und die Sprechstundenhilfen boten sich sogar an, mit ihm eine Runde im Park zu drehen, wenn Robert zwischen zwei Konsultationen keine Zeit hatte.

Allmählich wurde Robert klar, dass sich sein Umgang mit den Patienten durch Rorys Anwesenheit änderte. Zunächst einmal war es so, dass sie über Rory sprachen, wenn sie ihn beim Betreten des Sprechzimmers bemerkten; sie fragten Robert, seit wann er einen so hübschen Hund habe und ob er selber vielleicht Jäger sei (besonders die Männer fragten so etwas). Außerdem rief es in den Patienten Erinnerungen wach – an Hunde, die sie selbst einmal besessen hatten, und oft an die Hunde aus ihrer Kindheit.

»Als ich klein war, hatten wir einen Cockerspaniel. Ich ging immer mit ihm spielen, damit ich mir nicht anhören musste, wie sich meine Eltern stritten. Er tröstete mich wirklich. Ich hätte nie jemanden lieben können, der keine Hunde mag.«

»Eines Tages nahm mich mein Vater mit Terry, unserem bretonischen Spaniel, auf die Jagd mit. Endlich einmal erlebte ich, dass mein Vater glücklich aussah, aber sofort hatte ich auch den Eindruck, dass ich für ihn jetzt noch bedeutungsloser war als sonst. Ich merke, dass sich das in meinem Leben fortgesetzt hat – immer wieder verliebe ich mich in Männer, die eine Passion für etwas haben, aber ihre Passion bin niemals ich.«

»Einmal hat mich der Hund meiner Tante gebissen, weil sie mich auf die Schultern genommen hat. Ich war damals drei Jahre alt, und ich glaube, es hat ihn eifersüchtig gemacht. Kaum hatte sie mich wieder auf den Boden gesetzt, passierte es – schnapp! Ich frage mich, ob es mit diesem Tag nicht angefangen hat, dass ich mich klein zu machen und in den Hintergrund zu treten lernte, um die anderen nicht zu stören.«

Wenn die Patienten über ihre Erinnerungen an Hunde sprachen, dauerte es nicht lange, bis sie auch über ihre Kindheit redeten, über frühe Erfahrungen des Ungeliebtseins und ihre Angst vor der Einsamkeit. Das vereinfachte und bereicherte die Sitzungen, und die Patienten kamen bei Robert schneller voran.

Rory verhielt sich natürlich immer ruhig, aber eines Tages bemerkte Robert etwas, das er zunächst gar nicht glauben konnte.

Wenn ein Patient wirklich deprimiert war, stand Rory auf und legte ihm den Kopf auf die Knie.

»Oh«, lächelte eine Patientin durch ihre Tränen hindurch, »er sucht nach Zuneigung – er also auch ...«

Robert sagte dazu nichts, denn er spürte, dass Rory keine Zuneigung empfangen, sondern anderen welche schenken wollte. Dieser Hund reagierte auf Tränen, was schon erstaunlich genug war, aber er ging sogar auf traurige Patienten zu, die nicht weinten. Und bei Menschen, die zum ersten Mal in die Sprechstunde kamen, war das für Robert bald so etwas wie eine Diagnosehilfe. Wenn sich Rory ihnen näherte und ihnen den Kopf auf die Knie legte, dann bedeutete es, dass diese Person sehr verzweifelt war, auch wenn sie es durch übertriebene Wohlerzogenheit maskierte *(Es wird nicht gejammert!)*, durch große Schwierigkeiten, ein Vertrauensverhältnis aufzubauen *(Ein Arzt kann mich sowieso nicht verstehen.)* oder durch Misstrauen gegenüber dem Psychiater *(Bestimmt verwandelt er mich in einen Zombie!)*. Auch in diesen Fällen kam Robert schneller voran, weil er gleich die richtigen Fragen stellen konnte.

Woher hatte Rory diese außergewöhnliche Sensibilität? Natürlich daher, dass er *ihr* Hund gewesen war. Der Hund einer Besitzerin, deren Stimmung veränderlich war wie das Wetter. Mit ihr gab es jeden Tag »Gewitterwolken mit gelegentlichen Aufheiterungen«. Rory hatte vermutlich gelernt, die unauffälligen Zeichen aufzuspüren, welche die nächste Störung ankündigten.

Eines Tages hatte Robert sie gefragt, weshalb sie Rory behalten hatte; immerhin war es der Hund eines anderen, und überhaupt ist es nicht gerade praktisch, einen großen Hund zu haben, wenn man viel reist. Wenn sie traurig oder wütend sei, hatte sie ihm entgegnet, fühle sie sich sofort getröstet, wenn sie Rory in den Armen halte; sie fühle sich dann in Sicherheit, und es dämpfe auch die Selbstmordgedanken, die ihr manchmal kamen.

»Ich hoffe, ich habe die gleiche Wirkung auf dich«, hatte Robert gesagt.

»Natürlich, mein Schatz«, hatte sie zur Antwort gegeben und sich dabei an ihn geschmiegt und ihn geküsst. Aber weil sie ihn sonst nie »mein Schatz« nannte, hatte es ein wenig ironisch geklungen.

Er litt noch immer. Jeden Morgen, wenn er in der Küche früh-
stückte, kam Rory zu ihm hinüber und legte ihm den Kopf auf die
Knie.

»Verdammt«, sagte sich Robert, »ein Psychiater sollte doch
nicht dermaßen unter einer Trennung leiden.« Aber natürlich
wusste er auch, dass dieser Gedanke falsch war; eine Trennung
war für jeden schmerzlich. Er kannte Kollegen und Kolleginnen,
die durch die gleichen Qualen gegangen waren; jeder machte das
irgendwann durch, und manchmal kann es einen sogar im Alters-
heim erwischen.

Bei einer Trennung gab es verschiedene Formen des Leidens –
das wusste Robert, nachdem er viele Patienten begleitet hatte.
Zunächst einmal waren da natürlich die Entzugserscheinungen.
Ihn selbst packten sie am Morgen, wenn er sich in dem Bett wiederfand, in dem er oft an ihren Körper geschmiegt aufgewacht
war. Nichts oder doch beinahe nichts konnte diesen Entzugs-
schmerz dämpfen – ausgenommen seine Arbeit. Es hätte auch
Zorn in ihm sein können: Wie hatte sie das nur wagen können bei
all der Liebe, die sie miteinander geteilt hatten?! Aber nein, er
verspürte keinen Zorn oder nur ganz wenig; er wusste, dass sie
eben so war; sie hatte keine Kontrolle über ihre Emotionen. »Jeder macht das, was er kann, aus dem, was er hat«, sagte er seinen
Patienten manchmal, und überhaupt hatten Liebe und Gerech-
tigkeit nichts miteinander zu tun oder nur sehr wenig. Vermutlich half ihm sein Beruf dabei, so zu denken. Und Schuldge-
fühle? Auch nicht so sehr; viele Menschen, die den Laufpass
bekommen hatten, quälten sich mit Gedanken wie: »Ich hätte
dies oder jenes nicht tun sollen … Ach, wenn ich doch bloß das
und das gesagt hätte …« Aber gut, er wusste, dass er getan hatte,
was er konnte. Gewiss konnte er sich einige Sachen vorwerfen
(dass er etwa nach einem langen Arbeitstag keine Lust hatte zu
reden), aber er sah auch nicht recht, was er anders hätte machen
können.

Und Selbstabwertung? Wenn jemand sitzengelassen wird, gibt ihm das oftmals das Gefühl, dass er im Grunde nicht gut genug war und dass es gut nachvollziehbar ist, wenn der andere die Flucht ergriffen hat, sobald ihm das wahre Wesen seines Partners klar geworden ist. Aber nein, die Ungewissheiten der jungen Jahre hatte Robert schon lange überwunden, und er war ausreichend geliebt worden, um sich jetzt nicht selbst herabzusetzen. Er fand sich nicht großartig, aber zumindest gar nicht so übel. Letztendlich dominierten die Entzugserscheinungen; sie waren wie ein Schmerz, der sich schon am Morgen in ihn einzugraben begann und der ihn davon abhielt, seinen Patienten richtig zuzuhören. Dazu gesellte sich Zukunftsangst: Wie sollte er es schaffen, unter diesen Umständen weiterzuleben? Und wenn das Leiden eines Tages doch verflog, wäre er dann überhaupt noch imstande, sich aufs Neue verliebt zu fühlen?

Aber ja doch, sagte er sich, es wird vorübergehen, es wird vorübergehen, und Rorys Schnauze lag ihm dabei auf den Knien.

In der Tagesklinik war Rory zu einer wichtigen Person geworden. Er kam und ging, wie es ihm beliebte, und erwiderte die Zuneigungsgesten der Patienten, ohne sich von ihnen zu lange in Beschlag nehmen zu lassen. Wenn man zu oft nach ihm rief, entfernte er sich manchmal – wie ein Star, der seinen Verehrern wohlgesinnt ist und doch Abstand zu halten weiß. Er kam immer wieder zu Robert ins Sprechzimmer und schien sich auf dem Linoleum dort lieber auszustrecken als auf dem dichten Teppich der Innenstadtpraxis.

Aber nach und nach wurde Robert noch etwas anderes bewusst. Rory näherte sich den jungen Leuten, wenn sie verzweifelt waren, und blieb sanft und gelassen, wenn es ihnen nicht so schlecht ging. Aber von manchen *entfernte* er sich auch, und es waren nicht immer dieselben. So hatte er die Gewohnheit, seinen Kopf auf Evas knochige Knie zu legen und sich von ihr kraulen zu lassen. Eines Tages aber blieb er zu Roberts Füßen sitzen, als sich Eva mit gerunzelter Stirn und argwöhnischem Blick weigerte, mit dem Psychiater zu sprechen. Am nächsten Tag ohrfeigte sie eine Krankenschwester und warf Martha ihre Medikamente an den Kopf.

Das geschah auch mit anderen Patienten. Rory spürte es, wenn eine Krise herannahte. Robert konnte das natürlich ebenfalls abschätzen, und doch war er häufig erstaunt darüber, wie sich Rory bei einem Patienten verhielt, der ihm selbst noch ruhig vorkam. Also schaute er genauer hin, stellte mehr Fragen als sonst und erkundigte sich bei den Krankenschwestern, ob ihnen etwas aufgefallen war. Rory war wie ein sehr empfindlicher Detektor, der die heraufziehende Störung bereits erspürte.

Am Abend blätterte Robert in der Fachliteratur, um dieses Geheimnis zu ergründen. Ob es vielleicht über den Geruchssinn lief? Stress- und Wuthormone haben einen Geruch, den Hunde bestimmt aufnehmen konnten. Oder *sah* Rory es? Hunde sind sehr empfänglich für nichtverbale Zeichen, weshalb sie – anders als autistische Menschen – auch aufmerksam in den Gesichtern lesen. Auf jeden Fall musste Rory außergewöhnlich begabt sein.

Diese kleinen Recherchen lenkten ihn davon ab, wie sehr sie ihm fehlte. Natürlich half ihm dabei auch seine Arbeit in der Klinik wie in der Privatpraxis. Wenn er die Nöte anderer Menschen linderte, konnte er seine eigenen besser ertragen. Sie selbst nutzte diese Vorgehensweise ja auch. Die Reportagen über die Kämpfe der Unterdrückten und Gedemütigten waren für sie ein Mittel, die eigenen Leiden zu lindern. Eines Tages hatte er es ihr auch gesagt, und wie man hätte vorhersehen können, war sie darüber in Wut geraten.

»Wenn man für eine gerechte Sache kämpft, heißt das für dich also, dass man Probleme hat?«

»Das habe ich nicht gesagt …«

»Überall gehen die Ökosysteme kaputt, aber nein, wenn jemand darauf hinweist, dann ist er bestimmt irgendwie gestört und nur darauf aus, sein läppisches inneres Wohlbefinden wiederherzustellen ...«

»Hör mal, ich finde doch selbst, dass es mit der Umwelt sehr schlecht aussieht ...«

»Und du, schau dich doch mal selbst an, weshalb machst du eigentlich deinen Job? Um die Wunden aus deiner Kindheit zu heilen!«

»Ja, mag sein, das ist vielleicht einer der Gründe.«

Er hatte in seiner Kindheit keine Wunden erlitten, und doch wollte er ihr in diesem Punkt nicht widersprechen, denn sonst hätte sie sich an ihre eigenen Verletzungen erinnert, und die kannte er nur zu gut. Eine vermutlich depressive Mutter, die wenig Zuneigung spenden konnte, ein Vater, den sie verloren hatte, als sie fünf war, ein harter und gleichgültiger Stiefvater. Er wusste, dass so etwas schon ausreichte, wenn man ein besonders sensibles Naturell hatte.

Die Diskussionen mit ihr konnten leidenschaftlich und spannend sein, sie hatte einen scharfen Verstand, aber bei manchen Themen stand man immer zwei Schritte vor dem Abgrund. Er hatte gelernt, diese Themen zu meiden, aber manchmal dachte er nicht daran, und hinterher sagte er sich, was für ein Idiot er doch gewesen sei.

Irgendwann merkte er, dass es ihm besser ging; er musste nur abwarten und auf sich selbst aufpassen.

Eines Abends aber spürte er, wie sein Deich nachzugeben drohte, und er sprach mit Nicole über sie.

Nicole hörte ihm zu und sagte dann: »Ihre Diagnose kennst du natürlich?«

Selbstverständlich kannte er die Diagnose. Emotionen, die so unbeständig waren wie der Wind; die ständige Angst, verlassen zu werden (lieber ließ sie die anderen sitzen, als es selbst erleben zu müssen), ein Überschwang in der Liebe wie im Zorn ... Und in Gefahr brachte sie sich manchmal auch.

Borderline. Es war ein schönes, beinahe ein poetisches Wort.

Wirklich das Letzte, was ein Psychiater tun sollte, wenn er noch alle Sinne beisammen hat: sich in eine Borderline-Patientin verlieben.

Aber in ihren Stürmen war auch immer wieder die Sonne durch die Wolkendecke gebrochen, und ihre Liebe konnte genauso intensiv sein wie ihre Wutausbrüche. Und selbst wenn sie sich in eine Kriegerin verwandelte, ahnte er hinter der Rüstung das kleine, verlassene Mädchen.

»Dein Problem ist das Mitgefühl«, sagte Nicole.

»Nicht nur ...«

Er spürte, dass Nicole etwas verärgert war, weil er immer noch liebte. Und auch sie merkte es und fügte ein wenig verlegen hinzu: »Du weißt ja, normalerweise wird es mit den Jahren besser.«

Er wollte lieber keine Nachforschungen darüber anstellen, wie es ihr seit der Trennung ging, denn er wusste, dass damit nichts gewonnen war. Von gemeinsamen Freunden hatte er lediglich erfahren, dass sie zwei Reportagen in fernen Ländern gemacht hatte, ohne sich dazwischen eine Pause zu gönnen. Es war um ihre üblichen Themen gegangen – Umweltkatastrophen, und daran herrschte auf der Welt ja nie Mangel.

Nach und nach ging es ihm besser. Mehrere Jahreszeiten strichen dahin. Tim bekam keine Wutanfälle mehr und war an seinen Ausbildungsplatz zurückgekehrt. Eva bildete vollständige Sätze und antwortete manchmal so, als hätte sie die Frage tatsächlich verstanden. Andere Patienten brauchten nicht mehr in die Tagesklinik zu kommen, dafür waren neue aufgetaucht – genau wie in seiner Praxis, wo er den angenehmen Eindruck hatte, unglücklichen Menschen aller Art oftmals nützlich zu sein. Beim Frühstück legte ihm Rory nicht mehr den Kopf auf die Knie.

Es ging ihm besser.

Er begann nach anderen jungen Frauen, die gerade ungebunden waren, Ausschau zu halten, und wie durch Zufall begegnete er immer welchen, wenn Freunde ihn zum Abendessen einluden. Spürte er, dass sich diese Frauen für ihn interessierten, dann war es wie ein kleiner Aufschwung in ihm, aber es ging gleich wieder vorüber: Er hatte den Eindruck, das schlechte Remake eines großartigen Films drehen zu wollen. Und außerdem hätte er niemandem in der Zukunft Leid bescheren wollen, nur um sein eigenes zu lindern.

Aber es ging ihm besser, daran gab es keinen Zweifel.

Er dachte noch immer an sie, aber immer seltener.

Eines Morgens sagte Nicole zu ihm: »Wow, du siehst rundum fit aus!«

Wenn er noch an sie dachte, schmerzte es nicht mehr so sehr. Die guten Erinnerungen, aber auch die furchtbaren.

Bis zu dem Tag, als er zum Zahnarzt ging.

Nichts Schlimmes, nur eine Vorsorgeuntersuchung.

Im Wartezimmer lief der Fernseher, ein Nachrichtensender mit abgeschaltetem Ton.

Und plötzlich war *sie* da, oder vielmehr ein Bild von ihr, ein wenig verschwommen, wie verschleiert, und auf dem Nachrichtenticker konnte man lesen: »Journalistin von Behörden gefangen gehalten«. Dann sah man einen breiten Fluss, auf dem Massen von toten Fischen trieben, und am Ufer arme Bauern, die zornig aussahen, und inmitten dieser Menschen stand sie, lächelnd und gelassen wie eine Königin inmitten ihrer Untertanen. Die Nachricht kam aus einem Entwicklungsland, in dem Industrie, Armee und Justiz es gewohnt waren, ihre Abmachungen miteinander zu treffen.

Am nächsten Tag schaute Robert bei einer Freundin vorbei, die für die Regierung arbeitete. Sie erklärte ihm, dass die ganze Sache unglücklich gelaufen sei: Man habe die Journalistin nicht wegen ihrer Reportage belangt (das hätte international einen schlechten Eindruck gemacht), sondern wegen »Teilnahme an einer verbotenen Versammlung«, was viel schlimmer war. Sie sei jetzt im Gefängnis – schon fast ein Privileg in einem Land, in dem Umweltschützer oft spurlos verschwanden. »Und der Konsul darf sie besuchen.«

Man startete eine Petition. Journalisten, Politiker, sogar Leute vom Film. Eine gemeinsame Freundin fragte Robert, ob sie seinen Namen hinzufügen dürfe. Ein Arzt mache sich immer gut auf so einer Liste, sagte sie ihm, selbst Diktatoren und Gangster hätten etwas für Ärzte übrig, sie brauchten sie ja auch.

Natürlich willigte er ein. Er dachte sogar daran, Rorys Namen mit einzutragen, aber vielleicht würde es der Sache schaden, wenn jemand entdeckte, dass unter den Unterzeichnern ein Hund war? Am Ende schrieb er Rory doch mit auf die Liste und gab ihm seinen eigenen Familiennamen, denn immerhin gehörte er jetzt zu seiner Familie. Als Beruf trug er ein: »Therapeut«.

Er verfolgte die Nachrichten, aber man erfuhr nichts Neues. Die Verhandlungen fanden vermutlich im Geheimen statt; zwischen den beiden Ländern standen noch andere Dinge auf dem Spiel. Selbst seine Freundin von der Regierung war nicht auf dem Laufenden. Er machte sich Sorgen, was geschehen konnte, wenn man sie zu lange festhielt: Es war möglich, dass sie eine Meuterei anzettelte, aber auch, dass sie sich das Leben nahm.

Eines Abends war er lange in seiner Praxis geblieben, um Patientenakten auf den neuesten Stand zu bringen. Rory saß ihm zu Füßen. Draußen war es schon dunkel, und er hörte, wie seine Kollegen nach Hause gingen.

Dann klopfte jemand. Die Tür seines Sprechzimmers schob sich auf.

Sie.

In Tränen.

Und in aller Herrlichkeit.

Rory erhob sich mit einem Ruck und sprang um seine wiedergefundene Besitzerin herum.

Und als Robert sie fest in den Armen hielt und ihr tränenfeuchtes Gesicht sich an seinen Hals presste, hörte er sie flüstern: »Rory … Therapeut … als ich eure Namen gesehen habe …«

Ein Schluchzer unterbrach sie. Dann wandte sie Robert ihr Gesicht zu, um ihn zu küssen.

Normalerweise wird es mit den Jahren besser, dachte er, als sich das Salz ihrer Tränen in den Kuss mischte, und dann wechselten Rory und er einen langen Blick miteinander.

SIEBEN

Von Eisbrechern und Eisbären

Es war einmal ein kleines Mädchen, das Schiffe liebte und das Meer.

Mit seinen Eltern wohnte es in einer großen Hafenstadt, und jeden Morgen und jeden Abend sah Lena, so ihr Name, von ihrem Fenster aus, wie Schiffe festmachten oder aber in die Ferne hinausfuhren und am Horizont verschwanden.

»Wenn ich groß bin, werde ich Kapitän«, sagte sie oft mit ihrer zarten Stimme, aber ihr Vater zuckte mit den Schultern und meinte: »Das ist kein Job für eine Frau!«, und ihre Mutter seufzte und sagte: »Mein armes kleines Mädchen, die Männer werden es niemals zulassen, dass du sie kommandierst.«

Lena schaute den Schiffen so gern hinterher, dass es sie manchmal von den Hausaufgaben abhielt. Nicht allzu sehr freilich, denn bei alledem blieb sie eine gute Schülerin; sie wuchs heran und bestand alle notwendigen Prüfungen, und gleichzeitig wurde auch ihre Stimme immer kräftiger. Zum großen Erstaunen ihrer Familie machte sie ihren Traum tatsächlich wahr und wurde Marineoffizierin auf immer größeren Schiffen, und auch die Streifen auf ihren Schulterstücken wurden immer zahlreicher. Als diese Geschichte begann, war sie Zweiter Kapitän auf der *Globus* geworden.

»Zweiter Kapitän?«, werden Sie jetzt sagen. »Aber das bedeutet doch, dass sie ihren Traum noch gar nicht verwirklicht hat – es steht immer noch ein Mann über ihr: der Bordkommandant! Ihre Mutter hatte ganz recht, als sie meinte, die Männer würden Lena nie die Befehlsgewalt überlassen.«

Dabei lassen Sie allerdings außer Acht, um was für ein Schiff es sich handelte.

Die *Globus* war ein echtes Seeungeheuer.

Sie war dafür entworfen worden, mit ihrem riesigen Bug und ihren Tausenden Tonnen, die von zwei Atomreaktoren energisch vorangetrieben wurden, das Eis zu brechen. Es war aber auch wirklich eine Menge Kraft vonnöten, um das Packeis zu spalten. Dank ihrem atomaren Antrieb hätte die *Globus* jahrelang ohne Zwischenhalt die Meere befahren können; allerdings musste sich ihre Besatzung ab und zu an Land erholen, und ein paar perfektionistisch veranlagte Leute hatten beschlossen, dass man die Atomreaktoren hin und wieder trotzdem überprüfen sollte.

Vizekommandantin auf einem Schiff zu sein, das zweihundert Mann Besatzung hatte und Tausende Tonnen wog, bedeutete für Lena, dass sie sich inzwischen tatsächlich bewährt hatte. Man durfte sogar annehmen, dass dieser Posten als Zweiter Kapitän für sie nur ein Zwischenschritt war und dass sie eines Tages selbst Kapitänin eines künftigen Meerkolosses wie der *Globus* oder gar eines noch gewaltigeren sein würde.

Es war einmal eine kleine Bärin, die ein herrliches Leben hatte.

Sie brauchte keine Hausaufgaben zu machen, sondern konnte den ganzen Tag mit ihrem jüngeren Bruder spielen, von der enorm nährstoffreichen Milch ihrer Mutter trinken und sich dabei in deren Fell kuscheln. Manchmal folgte sie ihr auch übers Eis, nämlich dann, wenn die Bärenmutter ihre beiden Jungen mitnahm, damit sie ihr bei der Robbenjagd zuschauen konnten. Sie sollten schon mal lernen, was im Leben wichtig war. Und so kauerten sie dann zu dritt um ein Loch im Eis herum, und wenn die Robbe auftauchte, um Luft zu holen, und ihre Schnauze aus dem Wasser stieß – hopp, schon hatte die Bärenmutter sie blitzschnell gepackt. Manchmal ließ sie ihre Jungen auch ein Stück hinter sich, um sich verstohlen an eine andere Robbe anzuschleichen, die auf dem Schnee ein Sonnenbad nahm und nicht darauf achtete, was hinter ihr so vorging.

Die großen Eisflächen waren für alle lebensnotwendig, für die Robben zur Erholung, für die große Bärin und ihre Jungen zur Nahrungssuche und sogar für die *Globus*, die sonst niemand gebraucht hätte.

»Und was ist mit dem Papa der jungen Bären?«, werden Sie fragen. Der Papa hatte sich davongemacht, was bei Eisbären so üblich ist, denn die Rollenverteilung sieht bei ihnen ganz einfach aus: Die Mutter kümmert sich um alles – um Nahrung, Erziehung und Schutz, bis ihre Kleinen zu halbwüchsigen Jungbären werden, und dann lassen auch sie ihre Mutter allein; so ist das bei Eisbären eben.

Die Bärenmutter hatte ihren Kindern übrigens auch beigebracht, um die anderen erwachsenen Bären einen großen Bogen zu machen, denn die Männchen dieser Art neigen ärgerlicherweise dazu, ein Bärenjunges bei Gelegenheit als hübsches Frühstück anzusehen, egal, wie die Verwandtschaftsbeziehungen sich gestalten mögen. Das verschafft den männlichen Eisbären nicht gerade einen Platz unter den *Top Ten* der verantwortungsbewussten Tierväter.

Vorerst aber lebte die kleine Bärin im Glück und wusste nichts von ihrer künftigen Rolle als Dreitagesgattin und aufopferungsvolle Mutter. Zu Beginn unserer Geschichte hatte sie gerade das allererste Mal vom Fett einer Robbe gekostet, die ihre Mama eben aus dem Wasser gefischt hatte. Es war eine köstliche Speise, die man nicht mal groß zu kauen brauchte. Aber beim Fressen musste sie ihren Anteil vor der Gefräßigkeit ihres kleinen Bruders beschützen; er hätte sonst alles allein verschlungen, denn der Egoismus der Männchen dieser Art zeigt sich bereits in der Kindheit.

Mag sein, dass es daran lag, vielleicht aber auch an ihrem Charakter, jedenfalls wäre die kleine Bärin gern allein zum Robbenfischen ausgezogen. Oft musste ihre Mutter sie vom Rand des Eislochs fortschieben, damit sie nicht ins Wasser sprang (sie war nämlich noch zu klein, um eine Robbe herauszuziehen), und ein andermal musste sie ihre Tochter zur Ordnung rufen, weil sie sich zu weit entfernt hatte, während ihr Bruder an die Mutter geschmiegt dalag und nur auf die nächste Mahlzeit wartete.

Sie liebte es nämlich, ganz für sich über den Schnee zu trotten, denn in diesen Augenblicken vergaß sie, dass sie noch klein war, und hatte das Gefühl, eine ausgewachsene Bärin zu sein, die ihren Weg allein verfolgte. Diese Empfindung verflüchtigte sich, sobald sie in der Ferne die Umrisse eines erwachsenen Bären erblickte; dann kam sie sofort zurückgelaufen und suchte zwischen den Tatzen ihrer Mutter Schutz. Einige Bären hatten sich ihnen bereits genähert, aber bislang hatte es kein Männchen gewagt, die Mutter zum Kampf herauszufordern. Jeder wusste, was ihn das kosten würde, und außerdem war man noch mitten in der Robbensaison – warum also ein solches Risiko eingehen?

Von diesen flüchtigen Momenten der Beunruhigung abgesehen, war die kleine Bärin glücklich.

Glücklich fühlte sich auch Lena auf der *Globus*, wobei es in ihrem Fall mehr so ein halbes Glück war. Wenn sie am Heck des Monstrums stand und sah, wie sich hinter ihnen die lange, dunkle Fahrrinne hinzog, vom Horizont an eingeschnitten ins Weiß des Packeises, dann bereitete ihr das fraglos große Freude. Die *Globus* war so etwas wie der erste Mann einer Seilschaft, ein stolzer Erkunder. Den weniger wagemutigen Schiffen, die folgten und deren Rumpf die Konfrontation mit dem Eis nicht aushielt, wies sie den Weg. Manchmal eilte sie sogar unvorsichtigen Schiffen zu Hilfe, die im frisch entstandenen Packeis stecken geblieben waren, schlug sie mit kühnen Hieben des Bugs frei und schleppte sie ab, wenn sie eine Motorpanne hatten.

Die Zweifel ergriffen Lena immer dann, wenn sie wieder festen Erdboden betrat. Sie hatte nämlich einen Freund, Jorg, der Mathelehrer an einem Gymnasium war. Er fuhr zu jeder Jahreszeit nur mit dem Fahrrad herum und drehte die Heizung im Winter so weit wie möglich herunter, um Mutter Erde zu schützen. Und weil er ein eifriger Bastler war, hatte er den Plan, sich ein ganzes Haus aus Recyclingstoffen zu bauen. Lena fand Jorgs Ideen gut. Sie hatte den richtigen Beobachtungsposten, um zu sehen, dass sich das Klima wirklich änderte – wenn Winter war, erreichte das Eisfeld niemals die Ausdehnung vom Vorjahr. Aber als sie Jorg voller Stolz verkündet hatte, dass sie nun Zweiter Kapitän auf der *Globus* war, hatte er sie bestürzt angesehen: »Ein Atomeisbrecher? Wie konntest du so einen Posten nur annehmen?« Daraufhin hatte sie ihm erklärt, dass ihr neues Schiff letzten Endes gar nicht so schlecht für die Erde war, denn es stieß kein Kohlendioxid aus, sondern nur Wasserdampf. Und wenn es rund um den Nordpol Fahrstraßen frei schnitt, ermöglichte es den Rauch ausspuckenden Schiffen, erstaunlich viele Kilometer einzusparen, wodurch weniger Erdöl verbrannt wurde. Jorg akzeptierte ihre Erklärungen – zunächst einmal, weil er in Lena verliebt war, aber auch, weil er gut genug rechnen konnte, um einzusehen, dass Lenas Standpunkt stichhaltig war, wenn man die Kohlendioxidbilanz betrachtete. Aber er bat sie, bei seinen Freunden nichts von dem neuen Job verlauten zu lassen, denn die waren allesamt Kämpfer für die Erde und hatten ziemlich festgefügte Ansichten darüber, was gut für unseren Planeten war und was nicht. Als Lena einen Abend mit ihnen verbrachte, sagte sie denn auch nur, sie sei jetzt Zweiter Kapitän, was alle Welt beeindruckte, besonders die Frauen, die erklärten, es mache sie stolz, dass es Lena geschafft habe, die unter Seefahrern üblichen Vorurteile zu bezwingen. Aber es bereitete ihr jedes Mal Unbehagen, nicht die ganze Wahrheit über ihr Schiff sagen zu können.

Sobald sie auf dem Meer war, kehrte das Glück zurück – so sehr liebte sie ihr Schiff, ihre Missionen jenseits des Polarkreises, das immerfort wechselnde Licht auf Meer und Packeis sowie auch ihre Mannschaft, deren Respekt sie entgegen den Prophezeiungen ihrer Mutter gewonnen hatte. Aber auch auf dieses wunderbare Bild fiel ein Schatten, und der hörte auf den Namen Victor.

Victor war der Kommandant der *Globus*, ein großer, dicker Kerl, der mit seinem Bauch, seinem Rauschebart und den kleinen, wütend funkelnden Augen an einen bösartig gewordenen Weihnachtsmann erinnerte. Er war noch gar nicht so alt, wie er aussah, aber trotzdem schon nahe der Rente, was vielleicht seine streitsüchtige Art erklärte und auch seine Neigung, oft in der Kapitänskabine zu verschwinden. Wenn er wieder herauskam, schwankte er bisweilen ein wenig auf seinen stämmigen Beinen.

Dennoch war Victor kein schlechter Seemann. In schwierigen Situationen hatte er Lena schon mehrmals mit seinem vortrefflichen Urteilsvermögen beeindruckt, mit seiner Reaktionsschnelligkeit und seiner festen und donnernden Stimme, wenn er einen Befehl gab. Und das schaffte er sogar, wenn er getrunken hatte, sodass sich Lena fragte, ob er den Alkohol vielleicht brauchte, um gut zu funktionieren – ein wenig, wie die *Globus* auf ihr ewiges Feuer aus angereichertem Uran angewiesen war.

Die Männer respektierten ihn, denn sie wussten, dass er ein erfahrener Kapitän war, aber gleichzeitig verabscheuten sie ihn wegen seines schlechten Charakters und der allzu harten Strafen, die er beim kleinsten Regelverstoß verhängte.

Wenn Victor einen Matrosen, der sich etwas hatte zuschulden kommen lassen, mit großem Gebrüll zu einigen Tagen Arrest im Frachtraum oder zur Wache auf Deck im eisigen Wind verurteilte, richtete es Lena so ein, dass sie, wenn ein wenig Zeit verstrichen war, den Kapitän aufsuchte und ihn darum bat, die Strafe für den bußfertigen Seemann abzumildern – eine meist gar nicht so schwierige Mission, denn oft erinnerte sich Victor nicht einmal mehr an die Geschichte!

Lena gegenüber verhielt sich Victor anders. Nie hatte er etwas Böses zu ihr gesagt, aber ebenso wenig hatte sie je ein freundliches Wort von ihm zu hören bekommen oder einen Moment der Vertrautheit erlebt, wie sie sich zwischen einem Kapitän und seinem Stellvertreter doch manchmal einstellt. Sie hatte den Eindruck, dass er sie anschaute, wie man ein fremdartiges Tier betrachtet, an das man sich nicht gewöhnen kann und vor dem man sich sogar ein wenig in Acht nimmt. Auch wenn es ihr selbst nicht bewusst sein mochte – Lena war in ihrer Schifffahrtsgesellschaft ein aufsteigender Stern, und Victor wusste dies nur zu gut.

Es gab auf dem Schiff noch andere Offiziere, aber das waren eher Supermaschinisten, denn unter ihrem brachialen und unbezwingbaren Äußeren verbarg die *Globus* ein feines und empfindliches Uhrwerk. Ihre Atomreaktoren erhitzten Wasser für Dampfturbinen, die wiederum Elektromotoren antrieben, welche schließlich und endlich die gigantischen Schiffsschrauben zum Drehen brachten und auch ein paar kleinere am Bug, die es der *Globus* ermöglichten, im Bedarfsfall rückwärtszufahren. Es empfahl sich, Fehler in dieser mechanischen Harmonie zu vermeiden, denn sonst saß man eines Tages womöglich mitten im Eis fest – für einen Eisbrecher die absolute Schande –, oder man war gezwungen, einen Reaktor mit schmelzenden Brennstäben ins Meer zu werfen, was so schlimm war, dass es die Vorstellungskraft beinahe überstieg. (Aber passiert war es trotzdem schon einmal – vor etlichen Jahren auf einem Vorläufer der *Globus*. Dieses Geheimnis lag halb verschleiert unter mehreren Schichten getürkter Dokumente in den Archiven. Von den Atom-U-Booten, die nie wieder an die Oberfläche gekommen waren, wollen wir hier gar nicht erst reden.)

Zum Glück spielt das Meer mit und absorbiert die Radioaktivität recht gut, denn sonst müssten Sie sich womöglich Sorgen machen. Was die Fische angeht, die ja immerhin als Erste betroffen sind, hat es die Natur gut eingerichtet: Sie sind nicht intelligent genug, um sich Sorgen zu machen.

Lena aber beunruhigten noch andere Dinge – die Gesundheit ihrer Eltern, die nicht eben jünger wurden, die Politik ihres Landes, das von einer Großmacht zu einem mächtigen Stör- und Schadensfaktor abgestiegen war, und auch die Zeit, die dahinrann, während Lena immer noch überlegte, ob sie mit Jorg ein Baby haben wollte (»Wollen wir wirklich ein Kind in *diese* Welt setzen?«, war übrigens sein Kommentar dazu). Aber sie hatte auch eine große Kraft in sich: Sie schaffte es, nicht an die Sorgen denken zu müssen, wenn sie nichts daran ändern konnte. Bei ihr war das eine angeborene Gabe, während andere Menschen ein Leben lang versuchen, diese Fähigkeit zu erwerben.

An jenem Morgen aber, als sie im grauen Licht des Tagesanbruchs auf der Kommandobrücke stand, machte sie sich trotzdem Sorgen. Sie hatte gut geschlafen, denn sie war nicht für die Wache eingeteilt gewesen. Aber nun suchte sie mit dem Fernglas die Horizontlinie ab, und nirgendwo war noch Eis zu sehen.

»Wo ist denn dieses gottverdammte Packeis hin?«, schnaubte Victor, der gerade neben ihr aufgetaucht war. Lena war überrascht, dass er zu so früher Stunde schon auf den Beinen war, denn eigentlich war er ein Langschläfer. Es war die ungewöhnliche Stille rund ums Schiff, die ihn geweckt hatte – keine Eistrümmer rumpelten mehr gegen den Schiffsrumpf.

»Warum hat man uns nicht benachrichtigt?«, brummelte er in seinen Bart, und man merkte, dass er kurz vor einem großen Wutausbruch stand.

»Ich gehe mal die Satellitendaten überprüfen«, sagte Lena.

Sie begab sich zur Kommandozentrale, die ein bisschen wie das Innere eines Flughafentowers aussah: jede Menge Bildschirme, die im frühen Dämmerlicht schimmerten, und ein paar Männer, die sich über die Monitore beugten. An diesem Morgen sah Lena sofort, dass sie sich zu sehr vornüberbeugten – sie waren eingeschlafen. Sie ging zum Wachhabenden Offizier hinüber und weckte ihn. Er riss entsetzt die Augen auf, weil er einen Moment glaubte, der Kapitän selbst habe ihn an der Schulter gerüttelt, aber dann erkannte er Lena und beruhigte sich ein wenig.

»Darauf würden mindestens zehn Nächte auf Deck stehen!«, sagte Lena.

»Ja ... oder, ähm, nein ... ich habe dem Kapitän ja Bescheid gesagt heute Nacht!«

»Wie das?«

»Ich habe ihn angerufen, und ich habe ihm eine Nachricht geschickt, aber er hat nicht darauf geantwortet.«

Lena beschloss, dieses Rätsel nicht weiter zu ergründen, zumal ein Stück weiter ein anderer Mann, der sich auch zu sehr über den Bildschirm gebeugt hatte, jetzt ebenfalls aufgewacht war.

Die Satellitenbilder zeigten eine unbestreitbare Tatsache: Das Eis hatte sich zurückgezogen, und zwar viel weiter und schneller, als es zu Beginn des Frühlings üblicherweise geschah. Es war, als hätte jemand ein weißes Tafeltuch mit einem Ruck vom Tisch gezerrt. Die Veränderung war bereits am Tag ihrer Abreise messbar gewesen, aber in der letzten Nacht hatte sie sich enorm verstärkt. So etwas hatte man hier noch nie gesehen!

»Es gibt eine ungewöhnliche Wetterstörung«, sagte der Wachhabende Offizier, der Alex hieß und schöne blaue Augen hatte. »Dadurch hat sich die Atmosphäre plötzlich stark erwärmt.«

Lena blickte auf einen anderen Bildschirm, auf dem man einen riesigen Wirbelwind sah, der sich in Richtung Nordpol vorwärtsbewegte; man hätte von einem tropischen Zyklon sprechen können, bloß dass sich tropische Zyklone nie so weit nach Norden vorwagen, wo sie im Übrigen zu Orkanen werden würden. Noch ein Zeichen dafür, dass die Temperaturen stiegen und sich das

Klima veränderte! Das alles war eine interessante allgemeine Betrachtung, die jedoch mit einem Mal einen sehr konkreten Charakter annahm, als der Boden unter Lenas Füßen schwankte. Es war offensichtlich, dass ein Sturm nahte, und schon begann das Schiff vom Anprall der ersten Wogen zu schlingern – aber noch etwas anderes wurde offenbar, nämlich eine leere Wodkaflasche, die unter einem Schreibtisch hervorrollte und erst an Lenas Fuß zum Stillstand kam. Kein Wunder, dass die Seeleute in solch einem Zustand waren (wobei man sagen muss, dass ihr Kapitän nicht gerade ein gutes Beispiel abgab).

Lena unterdrückte ihren Zorn, denn hier hatte sie viele Dinge zu tun, die ruhig und besonnen erledigt werden mussten, und zugleich überflutete sie erneut Beunruhigung, als sie sah, wie sich am Horizont der Himmel verdüsterte.

In einiger Entfernung von diesem Geschehen und von der *Globus* aus nicht zu erkennen, es sei denn, jemand hätte das stärkste Fernglas genommen und es genau auf die richtige Stelle gehalten, schwankte eine größere Eisscholle auf den Wellen träge hin und her.

Es war ein Stück Packeis, das gerade in dem Moment abgebrochen war, als sich die kleine Eisbärin wieder einmal von ihrer Mutter und dem kleinen Bruder entfernt hatte, weil sie ganz für sich ein neues Robbenloch finden wollte. Sie hatte nicht darauf geachtet, wie hinter ihr das Eis barst; es fehlte ihr einfach an Erfahrung.

Die Strömung hatte sie rasch davongetrieben, und als die Bärenmutter ihre Tochter auf dem Eisfloß erblickte, schon ein ganzes Stück entfernt, war es zu spät. Die große Bärin hätte zwar noch hinüberschwimmen können, aber für den kleinen Bruder wäre eine solche Strecke nicht zu bewältigen gewesen, und auf dem Packeis allein lassen konnte man ihn auch nicht, denn ganz in der Nähe trieben sich andere erwachsene Eisbären herum.

Es war eine schwere Entscheidung, und niemand kann den

Schmerz ermessen, den die Bärenmutter an jenem Tag empfand. Aber das Leben im Hohen Norden hat unbarmherzige Regeln, die man nicht übertreten kann. (Sie können diesen Satz wiederverwenden, indem Sie »Hoher Norden« durch andere Weltgegenden ersetzen oder sogar durch Ihren Arbeitgeber.)

Und so kam es, dass sich die kleine Bärin mitten auf dem Meer allein wiederfand, auf einer Scholle, von der sie spürte, dass sie nicht ewig unter ihren Tatzen bleiben würde. Die Wellen begannen die Ränder des Eisblocks bereits anzuknabbern.

Das war jetzt keine Freude mehr und kein Glück, das war Angst, ein bisher unbekanntes Gefühl.

Sie hatte so darauf gehofft, dass ihre Mutter ins Wasser eintauchen und zu ihrer Rettung herbeischwimmen würde. Aber als sie sah, wie ihre große Silhouette und die kleineren Umrisse des Bruders im Nebel immer unschärfer wurden und der Streifen Meer, der sie von ihnen trennte, sich verbreiterte, da begriff sie, dass sie künftig allein bleiben würde.

Sie stieß einen Klagelaut aus, den niemand vernahm außer ihr selbst.

Auch an Bord der *Globus* hatte sich die Angst breitgemacht! Doch weshalb musste man Angst haben auf einem solchen Monster mit seiner extraharten Außenhaut und seiner unerschöpflichen Energie?

Das erste Problem war nur zu offensichtlich: Auf dem Schiff mussten sich alle festhalten, um nicht ins Straucheln zu geraten, und die Gischt spritzte zu beiden Seiten des Bugs immer höher hinauf. Allerdings war eine bewegte See zu Beginn eines Sturms für Schiffsbesatzungen nichts Ungewöhnliches – warum also war den Seeleuten von der *Globus* die Farbe aus dem Gesicht gewichen? Weil dieses riesige Schiff genau wie alle seine Eisbrecherkollegen einen Schiffsrumpf hatte, der sich zwar perfekt zum Brechen von Packeis eignete, nicht aber für die Navigation auf hoher

See bei heftigen Stürmen – ein bisschen wie ein Boxer, der im Ring ein furchterregender Gegner war, sich beim Hürdenlauf aber ungeschickt anstellte.

Die Wetterfront kam nun immer näher, und in ihrem Zentrum lauerte ein richtiger Orkan.

Victor hatte schon viele Stürme erlebt, auf allen Weltmeeren und an Bord von Schiffen aller Art, und Lena hörte, wie er zu seinem sicheren und bestimmten Ton zurückfand, als er die nötigen Befehle erteilte, damit sich jeder vorbereiten konnte. Sie selbst stieg in den Schiffsbauch hinab, um sich mit den Maschinisten zu beraten – solche technischen Belange überließ Victor ihr gern.

Sofort bemerkte sie, dass die Ingenieure noch bleicher geworden waren. Sie erklärten ihr, dass sich einer der Reaktoren überhitzte.

Wir möchten Sie hier nicht mit technischen Erläuterungen langweilen, aber die Atomreaktoren eines Eisbrechers werden vom kalten Meerwasser gekühlt. Und vielleicht war dieses Wasser an jenem Tag nicht so kalt wie sonst – eine Möglichkeit, welche die Konstrukteure der *Globus* nicht vorhergesehen haben mochten (ähnlich wie die japanischen Ingenieure, die sich gesagt hatten: »Okay, eine sechs Meter hohe Mauer genügt; höher ist ein Tsunami noch nie gewesen.«). Oder vielleicht hatten andere Spezialisten die Reaktoren vor dem Auslaufen des Schiffes nicht gründlich genug überprüft – auf jeden Fall lief der linke ernstlich heiß.

Die Maschinisten hatten schon alles versucht, aber der verdammte Reaktor wurde heißer und heißer, so sehr, dass er seinem Arbeitskollegen zur Rechten auch schon ansteigende Temperatur beschert hatte.

Ein nahender Sturm und ein überhitzter Reaktor, solch eine Situation war in den Simulationsübungen, die Lena vor ihrem Dienstantritt auf der *Globus* absolviert hatte, niemals vorgekommen, aber als sie die Stufen zur Kommandozentrale hinaufgestiegen war, hatte sie bereits die Lösung gefunden: Man musste das Schiff kehrtmachen lassen, um dem Orkan zu entkommen und zugleich in kältere Wasser zurückzufinden. Sie wandte sich Victor zu, der gerade damit fertig war, seine Leute zu beschimpfen, und teilte ihm ihren Plan mit. »Ja, natürlich«, sagte er, denn auch für ihn lag dieses Manöver auf der Hand.

An ihrem ganzen riesigen Körper erzitternd, wendete die *Globus*.

Die kleine Bärin erblickte den Eisbrecher am Horizont, und weil sie noch nie ein Schiff oder auch nur einen Menschen gesehen hatte, hielt sie ihn für ein seltsames Naturschauspiel: eine Insel, groß und rot, die nicht aus Eis war und in ihre Richtung trieb.

An Bord herrschte Panik, zunächst noch recht gut verhüllt, dann immer sichtbarer – vor allem, als einige Männer damit begannen, zu den Rettungsbooten zu rennen und sie aufs Meer hinabzulassen. Die schlechte Nachricht in Sachen Reaktor hatte sich inzwischen verbreitet, und wenn man die Worte »atomar« und »Überhitzung« zusammen ausspricht, kann das selbst auf gut ausgebildete Leute einen solchen Effekt haben, vor allem, wenn man noch »Orkan« hinzufügt.

Dazu kam noch, dass es sich bei den Rettungsbooten nicht um altmodische Kähne mit Rudern handelte, sondern um richtige Schiffe mit einem guten Motor und mit Kabinen, deren Bullaugen vollkommen wasserdicht waren. Eigentlich konnten sie einem Sturm besser standhalten als die *Globus* selbst.

Victor hatte sich dieser panischen Absetzbewegung mit Gebrüll entgegengeworfen, aber die Angst vor dem Atom war stärker als die Angst vor Victor, und der aufgestaute Hass auf Victor tat sein Übriges.

Am Ende war es die Flasche, die Victor beinahe das Leben gekostet hätte (das hatten etliche Leute ohnehin schon vorausgesagt), aber es war keine von denen, die er gewöhnlich leerte, sondern eine, die plötzlich auf seinen Schädel niedergesaust kam, geschwungen von einem Matrosen, den er allzu oft bestraft hatte.

Lena sah den Hieb kommen und rechnete schon damit, das gleiche Schicksal zu erleiden, aber nein, niemand hatte es auf sie abgesehen; die Seeleute begnügten sich damit, sie herumschreien und die Besatzung an ihre Posten rufen zu lassen, bis sie keine Stimme mehr hatte.

Schließlich war sie die einzige Befehlsgeberin an Bord, und um sich herum hatte sie die wenigen Seeleute, die nicht geflohen waren, darunter den Wachhabenden Offizier, den sie aus dem Schlaf gerissen hatte. Sie brauchte kaum Befehle zu erteilen, jeder wusste, was zu tun war, um die *Globus* auf Kurs zu halten und die Rettungsschiffe abzuhängen, die sich auf der grauen Oberfläche des Ozeans zerstreuten, während die Wellen zu schäumen begannen.

Lena begab sich an den Schiffsbug, denn sie hatte keine Lust auf Neuigkeiten vom Reaktor; man konnte einfach nur abwarten. Lieber brachte sie die ihr verbleibende Zeit damit zu, eine letzte Ration Himmel zu betrachten und eine letzte Ration Wolken, die jetzt nicht mehr silbergrau waren, sondern golden schimmerten, denn die Sonne war aufgegangen.

In der Ferne erblickte sie die ersten Eisbänke.

Und auf einer davon … War das ein junger Bär?

Dieses kleine Geschöpf war ebenso in Gefahr wie sie selbst, und Lena spürte in sich eine Anwandlung von Brüderlichkeit – oder Schwesterlichkeit – für das Bärenjunge. Sie befahl den Matrosen, ein Schlauchboot ins Meer hinabzulassen.

Die kleine Bärin sah mit Verwunderung, dass die große rote Insel, die immer näher kam, plötzlich eine winzige kleine Insel gebar, die eigentlich ein aufblasbares Boot war, das mit voll aufgedrehtem Motor auf den Wellen tanzte. Und noch überraschter war sie, als sie in diesem Inselchen Lebewesen erkannte, die weder Bären waren noch irgendeiner anderen Kreatur ähnelten, der sie schon begegnet war.

Als das Boot anlegte, wären andere junge Bären vermutlich geflohen und im Wasser untergetaucht. Nicht so die kleine Bärin, denn es lag in ihrem Charakter, alles Neue zu lieben, und außerdem hatte ihr eine dieser Kreaturen eine Makrele zugeworfen.

Später, an Bord der *Globus*, verschlang sie noch mehr Fische, die Lena ihr hinhielt. Und die Seeleute kamen trotz ihrer Sorgen hin und wieder aufs Deck, um das geteilte Glück ihrer Kapitänin und der kleinen Bärin lächelnd mit anzusehen und ihre Angst zu vergessen.

Das Packeis war nun wieder in Sicht, und ein Maschinist kam aufs Deck gestiegen, weniger bleich als vorhin. Der Reaktor hatte sich nicht weiter erhitzt.

Und auch die See lag wieder ruhiger da, die Wetterfront war abgezogen wie ein großes Raubtier, das plötzlich kehrtmacht, ohne dass man den Grund dafür verstünde.

Erleichtert vernahmen die Seeleute das vertraute Krachen, als die *Globus* mit Appetit in die Eiskruste biss wie ein Oger, der seine Lieblingsspeise wiedergefunden hat.

Nach seiner üppigen Fischmahlzeit machte sich das Bärenjunge daran, das Deck zu erkunden, und von Zeit zu Zeit schaute es über die Schulter nach hinten, um sicherzugehen, dass Lena ihm folgte.

Lena betrachtete den kleinen Bären und verfolgte seinen unbeholfenen Gang. Als sie das Tier auf seiner Scholle erblickt hatte, war es für sie wie ein erster Lichtblick gewesen. Und so gab Lena ihm den Namen Nadeshda, »Hoffnung«.

In einiger Entfernung standen eine Eisbärin und ihr Junges auf dem Packeis und schauten zum Schiff hinüber. Ein Seemann machte seine neue Kapitänin auf die Tiere aufmerksam.

Lena wusste, dass man einen Eisbären nicht zähmen kann, nicht einmal, wenn man ihn schon als niedliches Jungtier aufnimmt. Im besten Falle würde Nadeshda ihr Leben in einem Zoo verbringen, mit einem Schwimmbecken, das von ein paar Steinblöcken umgeben war, Fischmahlzeiten zu festgelegter Stunde und Kindern, die gegen die Glaswand des Beckens klopften, um Nadeshda auf sich aufmerksam zu machen. Sie würde dort sicher ein langes Leben haben, länger als auf dem Packeis, das von Jahr zu Jahr zusammenschmolz, wodurch der Kampf ums Überleben noch heftiger wurde.

Aber Freiheit hatte sich Lena immer gewünscht, wenn sie aus ihrem Fenster beobachtet hatte, wie die Schiffe aufs offene Meer hinausfuhren. Und was mochte Nadeshda gesucht haben, als sie sich von den Ihren entfernt hatte?

So kam es, dass die kleine Eisbärin noch einmal mit dem kleinen Motorboot von Welle zu Welle hüpfte und schließlich wieder zu ihrer Mama und ihrem kleinen Bruder gelangte.

Die Fotos, welche die Seeleute von der Aktion gemacht hatten, gingen später um die Welt, und es gab Schlagzeilen wie: »Kapitänin eines Atomeisbrechers rettet Bärenkind«. Jorgs Freunde waren sauer: Wie hatte man ihnen die wahre Natur des Schiffes, das Lena befehligte, nur verheimlichen können?

Als Victor im Krankenhaus der Hafenstadt wieder aufwachte, nahm er diese Nachrichten auch nicht gerade erfreut zur Kenntnis, denn Kapitän auf der *Globus* war schließlich immer noch er, aber er fand sich seufzend damit ab, wusste er doch, dass seine Zeit abgelaufen war.

Lena und Jorg hatten ein langes Gespräch miteinander und stellten fest, dass sich ihre Lebenswege nicht mehr zusammenführen ließen. Jorg begann gerade eine Karriere in der Politik, und Lena wollte nicht darauf verzichten, als Kapitänin auf den Meeren der Welt unterwegs zu sein, und sei es mit atomgetriebenen Schiffen. Wie zwei Ozeandampfer, die ein Stück nebeneinander herfahren, dann aber einen unterschiedlichen Kurs nehmen, entfernten sie sich voneinander und blieben gute Freunde.

Und am Ende setzte Lena doch noch ein Baby in diese Welt, und der Vater war jener Wachhabende Offizier mit den schönen blauen Augen, den Lena damals geweckt und zurechtgewiesen hatte und der insgeheim schon lange in sie verliebt war.

ACHT

Der letzte Mann

Es war einmal eine reizende Langhaardackeldame in Schwarz und Loh namens Olympia, und sie machte sich Sorgen um Emma, ihre Halterin.

Olympia war noch sehr jung, aber trotz der wenigen Jahre ihres bisherigen Erdendaseins konnte sie alle Stimmungen ihrer Besitzerin erkennen, und seit einiger Zeit spürte sie, dass Emma immer unglücklicher wurde.

Als Olympia aus ihrem Zwinger in diese hübsche, sonnendurchflutete Wohnung gekommen war, hatte Emma noch häufig gelacht – aber natürlich waren die Possen und Tapsigkeiten eines Welpen auch unwiderstehlich gewesen. Damals lud Emma oft ihre Freundinnen zu einem Glas Wein und zum Abendessen ein, und Olympia liebte das: die Freude, neue Bekanntschaften zu machen und von der Nahrung für Menschen zu kosten, die ihr die Gäste, erweicht von ihrem flehenden Blick, hinüberreichten. Emma nahm sie auch auf Reisen ans Meer oder in die Berge mit, und dort lernte sie sogar einen Hund von ihrer Rasse kennen, mit dem sie eine Liebesgeschichte hatte, auch wenn sie nie richtig verstehen konnte, weshalb dieser junge Idiot manchmal versuchte, von hinten auf sie zu steigen. (Zu jener Zeit war sie wirklich noch zu jung, um das zu begreifen.)

Manchmal kamen Männer in die Wohnung, und nach Umarmungen und Küssen auf dem Sofa führte Emma den gerade aktuellen Mann in ihr Schlafzimmer. In diesen Nächten schloss sie die Tür hinter sich, und Olympia musste draußen bleiben, während die kleine Hündin in normalen Nächten am Fuß des Betts lag und manchmal, wenn ihre Besitzerin eingeschlafen war, sogar aufs Laken sprang und an Emma geschmiegt schlief. Eines Abends hatte sie das aufgezwungene Exil nicht ertragen, sie hatte gejault und an der Schlafzimmertür gekratzt. Am Ende hatte Emma die Tür wütend aufgestoßen, und hinter ihr hatte ein völlig nackter Mann gestanden, der Olympia freundlich zulächelte.

Mit der Zeit hatte sich Olympia daran gewöhnt, die beiden zusammen zu sehen, und auch der Mann hatte sich offenbar daran gewöhnt, denn er kam jetzt häufiger und verbrachte ganze Nächte in Emmas Bett, und einmal fuhren sie sogar alle gemeinsam in den Urlaub ans Meer. Es waren auch ein kleines Mädchen und ein kleiner Junge dabei, mit denen sich Olympia gut verstand; sie spielten miteinander, und das kleine Mädchen wollte sie immer mit ins Bett nehmen.

Aber nun kam der Mann schon eine ganze Weile nicht mehr; er schien aus Emmas Leben verschwunden zu sein, und kein anderer hatte ihn ersetzt. Dass sich Emma und der Mann beim letzten Mal gestritten hatten, wusste Olympia noch gut, denn es hatte ihr Angst gemacht. Und als er dann fort war, hatte Emma viel geweint, und die kleine Dackelhündin hatte sie zu trösten versucht, indem sie sich ganz eng an sie drückte und ihr die Tränen abzulecken versuchte.

»Meine arme Olympia«, hatte Emma gesagt, »nur du allein bist mir noch geblieben.«

Das stimmte nicht ganz, denn Emma hatte ja Freundinnen. Zwei davon sah sie besonders oft – eine große Blonde namens Vera und eine kleine Brünette, die Charlotte hieß.

»Ich weiß, dass es bitter ist«, sagte Vera, »aber irgendwann musst du darüber hinwegkommen.«

»Letztendlich war er für dich nur eine Hausnummer und nicht der Richtige«, meinte Charlotte.

Emma schaute ihre Freundinnen traurig an.

»Ich glaube, irgendwann hat man genug von den Hausnummern … Dass er nicht der Richtige war, ist gut möglich, aber vielleicht war er ja der letzte Mann in meinem Leben?«

Die Freundinnen protestierten entrüstet. Wie konnte Emma so etwas denken? Sie war doch eine wunderbare Person, die anderen Menschen gefiel. Wie glücklich durfte sich der Mann schätzen, der sie eines Tages entdecken würde!

Emma widersprach ihnen nicht, aber am Ende sagte sie noch einmal: »Und wenn es nun doch die letzte Hausnummer war?«

Vera und Charlotte erwiderten, es sei alles eine Frage der Gelegenheit.

»Du musst wieder auf den Markt«, sagte Charlotte.

»Durch das Internet ist es noch einfacher geworden«, fügte Vera hinzu.

»Ich weiß nicht, ob ich die gleichen Männer wie du treffen möchte«, meinte Emma.

Dazu muss man anmerken, dass Vera verheiratet war; sie hatte sogar zwei kleine Kinder und einen, wie man so sagt, netten Mann, der allerdings ein bisschen langweilig war. Um sich die Langeweile zu vertreiben, traf sie andere Männer, die sich ebenfalls die Langeweile vertreiben wollten, aber dabei das heilige Band ihrer Ehe oder das ruhige Glück ihres gemeinsamen Lebens nicht in Gefahr bringen wollten. Und – Wunder der modernen Technik! – im Internet gab es Seiten, wo man sich jemanden für eine kurze, heimliche Begegnung in einem für den Nachmittag gemieteten Hotelzimmer aussuchen konnte.

»Solltest du mal ausprobieren«, sagte Vera, »da lernt man Typen kennen, die wirklich interessant sind – und nicht nur im Bett.«

»Das wundert mich nicht«, entgegnete Emma traurig, »es heißt ja immer, dass die Besten schon vergeben sind.«

»Ich weiß nicht, ob Emma Lust auf solche Begegnungen hat«,

sagte Charlotte. Sie lebte mit einem Mann zusammen, der nicht immer nett war. Trotzdem blieb ihm Charlotte treu – unter anderem, weil er niemals langweilig war: Er konnte ein Flugzeug steuern, ging surfen, war ein sehr guter Papa für ihre Tochter und ihren kleinen Sohn, und wenn er gut gelaunt war und nicht zu viel getrunken hatte, war er oft auch sehr lustig.

Emma und Vera dachten, dass er Charlotte betrog (Frauen haben so etwas im Gefühl, jedenfalls bei den Männern anderer Frauen), aber Charlotte selbst schien nichts davon zu ahnen, oder zumindest tat sie so, als würde sie nichts ahnen, was am Ende dazu führte, dass sie wirklich nichts ahnte.

Olympia verstand all diese Gespräche natürlich nicht, aber sie sah, dass die Freundinnen versuchten, Emma wieder gute Laune zu machen, und dass es ihnen seit dem Fortgang des letzten Mannes einmal mehr nicht so richtig gelang.

Das Leben ging weiter, aber es war nicht wie früher. Emma ging jeden Tag zur Arbeit bei einer großen Zeitung und ließ Olympia in der Wohnung allein. Aber zweimal täglich kam die Tochter der Concierge und nahm Olympia zu einer Runde in den nahe gelegenen Park mit.

Das war ein sehr schöner Teil des Tages, denn Olympia konnte dort andere Hunde treffen und eine Vorstellung vom Leben ihrer Artgenossen bekommen.

Sie erzählte ihnen, dass ihre Besitzerin nicht mehr so war wie früher.

»Das ist normal«, sagte Tom, ein alter, nachdenklicher Beagle. »Genau wie wir sind auch die Menschen nicht dazu geschaffen, allein zu leben. Zu der Zeit, als wir noch Wölfe waren, lebten sie übrigens immer in Familien.«

»Meine ist auch allein«, sagte Mirza, eine Whippethündin, die stets wie durch den Wind wirkte.

»Und bekommt ihr das?«, fragte Olympia.

»Nun, ich glaube, dass sie daran gewöhnt ist, und dann hat sie ja auch Kinder, die zu Besuch kommen und ihre eigenen Kinder mitbringen. Dann kann ich mit ihnen spielen, auch wenn ich sie anstrengend finde.«

Olympia erinnerte sich daran, dass sie Mirzas Besitzerin schon einmal gesehen hatte; es war eine ziemlich alte Dame, und Mirza sah auch nicht mehr jung aus.

»Also ich finde Kinder niemals anstrengend«, sagte Joe, ein Boxerrüde, der Respekt einflößend aussah, aber in Wahrheit ganz nett war. Das Problem mit ihm war bloß, dass er einem Gespräch nie ganz folgen konnte.

»Lebt Deine denn schon lange allein?«, hakte Olympia nach.

»Ich weiß nicht, wie es vor meiner Zeit war«, erwiderte Mirza.

»Aber auf dem Klavier steht das Foto eines Mannes. Ich glaube, er ist tot, denn ich habe ihn nie zu Gesicht bekommen.«

Auf jeden Fall konnte das Emma nicht helfen, denn sie hatte keine Kinder – und Enkelkinder erst recht nicht.

Aber weshalb hatte sie eigentlich keine Kinder?

Hätte Olympia die Sprache der Menschen verstanden, dann hätte sie aus Emmas Mund folgende Worte hören können: »Jetzt hat es sich sowieso erledigt mit dem Kinderkriegen.«

»Übertreib doch nicht«, sagte Charlotte, »es ist immer noch möglich!«

»Glaubst du? Erst mal müsste ich einen Mann finden, der mir gefällt, dann müsste ich ihn richtig kennenlernen, wir müssten uns dazu entschließen … Bis dahin wird es bestimmt unmöglich sein – wenn es nicht jetzt schon zu spät ist.«

»Ach, man weiß nie …«

»Und ich bin nicht mal sicher, ob ich Lust darauf habe. Ich möchte kein Kind in die Welt setzen, das mir ähnelt. Du siehst ja, was dabei rauskommt!«

»Mein Gott, du musst wirklich deprimiert sein, wenn du

solche Dinge sagst! Du solltest dir mal einen Termin geben lassen.«

»Bei einem Psychiater, meinst du?«

»Genau.«

Eines Tages nahm Emma ihre Hündin ins Stadtzentrum mit. Normalerweise geschah das, wenn sie ihre Einkäufe machen wollte; Olympia mochte das nicht besonders, denn sie hatte immer Angst, dass ihr die Leute in den überlaufenen Kaufhäusern auf die Pfoten traten.

Doch nein, heute gingen sie in ein mehrstöckiges Wohnhaus und setzten sich in ein kleines Zimmer, in dem die Sessel den Geruch vieler verschiedener Menschen bewahrt hatten. Dann betraten sie ein Zimmer, in dem ein Mann an seinem Schreibtisch saß, und unter dem Schreibtisch lag zu ihrer Überraschung ein großer Hund, ein rotbrauner Setter, bei dem Olympia eine gewisse Familienähnlichkeit feststellte, auch wenn er viel größer war als sie.

Der Setter verhielt sich sehr ruhig, er hob nur kurz den Kopf, als Olympia und Emma eintraten, um ihn dann, offenbar beruhigt, wieder auf den Pfoten abzulegen und die Augen zu schließen.

Zwischen Emma und dem Mann entspann sich ein Gespräch, und auch Olympia schloss die Augen.

Nach einigen Minuten sagte Emma zu dem Mann: »Wissen Sie, ich bin zu Ihnen gekommen, weil meine Freundinnen es mir empfohlen haben, aber ich glaube nicht recht, dass es etwas bringt.«

»Das ist normal«, sagte der Mann. »Wenn man deprimiert ist, denkt man, dass nichts und niemand einem helfen kann.«

»Was bringt Sie auf den Gedanken, dass ich deprimiert bin?«

»Ihre Worte von vorhin. Unter anderem gelingt es Ihnen nicht mehr, sich Ihre Zukunft vorzustellen.«

»Doch, doch, aber wenn ich sie mir vorstelle, ist sie einfach nur schwarz.«

»Was heißt das?«

»Dass ich traurig und einsam bleibe. Bald wird mich niemand mehr attraktiv finden, und ohnehin verspüre ich keine Lust darauf, jemandem zu gefallen. Für mich ist es gelaufen.«

»Was genau bedeutet für Sie ›es ist gelaufen‹?«

Weil sich die Sache hinzog, schlug Olympia die Augen schließlich doch wieder auf und begann sich mit dem großen rotbraunen Setter zu unterhalten.

»Liegst du den ganzen Tag unter dem Schreibtisch?«

»Nein, von Zeit zu Zeit geht die Sekretärin mit mir eine Runde spazieren, und überhaupt kommen wir nicht jeden Tag hierher.«

»Was macht Deiner eigentlich, außer dass er mit den Leuten redet?«

»Ich glaube, er tröstet sie.«

»Und das klappt?«

Olympia dachte an Emmas Freundinnen, die es nicht schafften, sie zu trösten, und so konnte sie sich nicht vorstellen, wie es ausgerechnet diesem fremden Mann gelingen sollte. Würde Emma ihn auch mit nach Hause bringen, um sich mit ihm auf dem Sofa zu umarmen und zu küssen?

»Ja«, sagte der Setter, »ich glaube, er ist ganz gut darin.«

»Tröstet er viele Leute?«

»Gar nicht so wenige. Aber es kommen nicht nur Leute, die getröstet werden müssen, sondern auch welche, die ein bisschen verrückt sind. Meistens haben sie jemanden aus ihrer Familie als Begleitung dabei.«

»Und glaubst du, dass er Emma trösten kann?«

Der große Setter musterte Emma, dann robbte er ein Stückchen voran, um von unter dem Schreibtisch hervorzukommen, und stellte sich auf seine großen Pfoten. Er ging zu Emma und legte ihr den Kopf auf die Knie.

»Oh …«, sagte Emma, »Ihr Hund …«

»Er ist ganz lieb«, sagte der Mann.

»Wie meiner«, sagte Emma und streichelte den Setter am Kopf. Der ließ sich noch zwei- oder dreimal streicheln und kauerte sich dann wieder unter dem Schreibtisch zusammen.

»Er wird es schaffen, sie zu trösten«, sagte er zu Olympia.

»Wie kannst du das wissen?«

»Weil sie gelächelt hat, als ich zu ihr hinübergegangen bin. Wenn es jemandem richtig schlecht geht, macht ihm nicht mal mehr das Spaß. Dann streichelt er mich nicht, oder ich spüre, dass er es nur aus Höflichkeit tut.«

Emma ging noch öfter zu dem Mann mit dem Setter, auch wenn sie nicht recht glaubte, dass es etwas bringen würde. Übrigens ging es ihr auch nicht besser. Sie verließ das Haus nicht mehr, um zur Arbeit zu gehen, und in der Wohnung machte sie gar nichts. Sie saß einfach auf dem Sofa herum, starrte ins Leere oder sah stundenlang fern. Olympia musste erst winseln, damit ihr einfiel, dass es Zeit zum Gassigehen war, und dann waren es auch nicht solche Spaziergänge wie früher. Emma wollte immer gleich nach Hause, sobald Olympia ihr Bedürfnis verrichtet hatte. Und dabei war es Frühling, die Tage wurden länger, und Olympia wäre so gern noch mehr durch den Park spaziert, um die neuen Gerüche dieser Jahreszeit zu entdecken.

Sogar das Essen hatte sich verändert. Emma kochte nicht mehr selbst, sie kaufte im Laden an der Ecke zugeschweißte Plastikschachteln, und Olympia schüttete sie Trockenfutter in den Fressnapf, während es doch früher auch mal Fisch oder Fleisch gegeben hatte oder spezielle Hundegerichte.

Olympia sagte sich, dass sie, wenn dieses Leben noch lange so weiterging, am Ende genauso traurig werden würde wie Emma.

Es gab aber auch schöne Augenblicke. Olympia durfte nun auf Emmas Bett schlafen, gleich neben ihr auf der Bettdecke, und am Morgen hielt Emma sie lange in den Armen.

Als sie den Mann mit dem Setter zum dritten Mal besuchten, sagte er zu Emma: »Ich glaube, dass Sie ein Medikament nehmen sollten.«

»Ah, nein, bloß nicht.«

»Warum nicht?«

Emma erklärte ihm, dass ihre Mutter das ganze Leben lang Medikamente genommen hatte, und trotzdem war es ihr nie wirklich gut gegangen, mal ganz davon zu schweigen, dass sie zum Trinken geneigt hatte, wenn sie traurig gewesen war.

»Aber warum haben Sie das nie erwähnt?«, fragte der Mann.

»Sie haben mich ja nicht danach gefragt.«

»Doch, ich habe Ihnen …«

»Ich bin nicht zu Ihnen gekommen, um über meine Mutter zu reden.«

»Das verstehe ich, aber es bestärkt mich sogar noch darin, Ihnen ein Medikament zu verschreiben.«

»Sie wollen sagen, dass ich im Grunde wie meine Mutter bin.«

»Nein, das habe ich nicht gesagt, aber Sie haben vermutlich eine besondere Anfälligkeit für Depressionen. Es ist so, als wenn Ihre Mutter an Asthma gelitten hätte – dann hätten Sie auch ein größeres Risiko, daran zu erkranken.«

»Auf jeden Fall werden Ihre kleinen Pillen an meinen Problemen nichts ändern.«

Olympia hörte den Mann seufzen.

»Wie würden Sie Ihre Probleme beschreiben?«

»Mir macht nichts mehr wirklich Freude. Ich sehe nicht, was es bringen soll, die nächsten Jahre dahinzuleben. Es wird nie mehr so gut sein wie früher.«

Hätte Olympia die Sprache der Menschen verstanden, dann hätten diese Worte sie wirklich beunruhigen können. Aber der nächste Satz hätte sie vielleicht wieder beruhigt: »Im Grunde glaube ich, dass ... ich glaube, der einzige Grund, weshalb ich noch hier bin ... ich meine, in dieser Welt ... der einzige Grund ist Olympia.«

»Olympia?«

Emma zeigte auf ihre Hündin, und die schaute den Mann an, der gerade ihren Namen ausgesprochen hatte.

»Warum der einzige Grund?«

Emma schien zu überlegen, und bevor sie antwortete, warf sie den Kopf nach hinten, damit die Tränen nicht losliefen.

»Sie allein zurückzulassen ... diesen Gedanken kann ich nicht ertragen.«

Der große Hund erhob sich von Neuem, um Emma den Kopf auf den Schoß zu legen, während Olympia ihr wie verrückt die Hand leckte.

Am Ende sagte Emma: »Doktor, unsere Hunde scheinen gut miteinander auszukommen, und Sie sind sicher ein gewissenhafter Hundehalter. Hätten Sie nicht Lust, Olympia zu adoptieren?«

»Erwarten Sie wirklich, dass ich Ihnen mit Ja antworte?!«

Emma begann wieder, das Haus zu verlassen, um mit Olympia spazieren zu gehen. Der Mann mit dem Setter hatte ihr gesagt, dass sie die Zahl der angenehmen Aktivitäten steigern müsse, auch wenn sie ihr im Moment kein großes Vergnügen bereiteten. »Untätigkeit ist ein Gift«, hatte er mehrmals wiederholt. Er hatte für Emma Formulare ausgefüllt, mit denen sie für ein paar Tage der Arbeit fernbleiben durfte, aber er hatte auch gesagt, dass dies nur vorübergehend sinnvoll sei.

Für Olympia wurde das Leben also wieder schön, sogar noch schöner als früher, denn nun waren alle Tage wie Wochenende. Am Ende ihres Morgenspaziergangs pflegte sich Emma auf die Terrasse eines kleinen Cafés zu setzen, von dem man auf den Park schauen konnte. Dann bestellte sie sich eine heiße Schokolade und bat den Kellner, für Olympia einen Blechnapf mit Wasser hinzustellen.

Eines Vormittags gab es eine Überraschung: Olympia traf Joe den Boxerrüden wieder. Sein Halter hatte sich an einem Nachbartisch niedergelassen. Weil die beiden Hunde ihre Freude bekundeten, wechselten auch die Besitzer ein paar Worte.

»Sie scheinen sich zu kennen«, sagte Emma.

»Vielleicht waren sie schon zusammen spazieren?«

Und tatsächlich stellte sich heraus, dass die beiden Hunde von derselben jungen Frau ausgeführt wurden.

Der Mann war nicht mehr jung, aber alt war er auch noch nicht. Er war noch in dem Alter, in dem man arbeiten geht, und so fragte sich Emma, warum er an einem Dienstagvormittag auf dieser Terrasse einen Kaffee trank. Er machte einen recht eleganten Eindruck.

Sie sprachen ein wenig miteinander, ohne etwas von sich selbst preiszugeben. Sie sagten nicht, welchen Beruf sie hatten und ob sie mit jemandem zusammenlebten. Durch die Hunde ließen sich all diese heiklen Themen gut vermeiden.

»Joe macht einen sehr netten Eindruck.«

»Ja, ich kenne keinen anderen Boxer von so angenehmem Wesen.«

»Olympia ist auch eine sehr gute Hündin.«

»Dann ist es ja kein Wunder, dass sie sich so gut verstehen.«

Nach ein paar Bemerkungen über den nahenden Frühling und die Schönheit des Parks in dieser Jahreszeit schwiegen sie eine Weile, dann stand der Mann auf und ging mit Joe davon, aber der Boxerrüde sträubte sich und zog an der Leine, weil er bei Olympia bleiben wollte.

Vera und Charlotte besuchten ihre Freundin regelmäßig, und eines Abends gingen sie zum Essen in das Café, in dem Emma vormittags immer eine Pause einlegte.

»Ich habe jemanden kennengelernt«, sagte Vera in vertraulichem Ton.

»Das ist ja nicht gerade was Neues«, sagte Charlotte.

»Nein, ich meine, diesmal habe ich einen wirklich interessanten Mann kennengelernt.«

»Kann es sein, dass du frisch verliebt bist?«

»Aber nein, überhaupt nicht!«, sagte Vera und lachte.

Doch aus der Miene, die Vera bei den Worten »überhaupt nicht« machte, konnten ihre Freundinnen erraten, dass es doch so war: Vera hatte sich verliebt.

»Außerdem ist er ein verheirateter Familienvater.«

»Ja«, sagte Charlotte, »und trotzdem sucht er auf einer Internetseite Frauen.«

Charlotte hatte diese Geschichten schon immer verabscheut: Leute, die ihre Seitensprünge als kleine Hofpausen im Schulalltag des Ehelebens betrachteten. Außerdem dachte sie, dass es gefährlich war.

»Es ist, als wenn man mit dem Auto zu schnell fährt – alles wunderbar, solange man keinen Unfall hat.«

»Du übertreibst«, sagte Vera.

Und Emma? Emma sagte nicht viel, denn selbst dieses Gespräch interessierte sie nicht besonders. Die Liebe, die Männer … all das schien ihr so weit weg zu sein.

In diesem Augenblick betrat ein Mann mit einem Hund an der Leine das Café. Es waren Joe der Boxerrüde und sein Besitzer. Letzterer steuerte einen Tisch am anderen Ende des Raums an. Emma und Charlotte schauten mehrmals interessiert zu ihm hinüber.

»Das ist seltsam – ein Mann, der abends allein essen geht, nur mit seinem Hund als Begleitung …«

»Ich kenne ihn«, sagte Emma und erklärte, wie sie seine Bekanntschaft gemacht hatte.

»Er sieht traurig aus«, sagte Charlotte.

»Aber auf einer Dating-Plattform könnte er noch jemanden finden«, meinte Vera mit Kennerblick.

»Vielleicht ist ihm nicht danach«, sagte Charlotte. Sie drehte sich zu Emma hinüber. »Ist er verheiratet?«

»Ich weiß nicht. Wir sprechen nie über uns. Immer nur über unsere Hunde.«

»Ah, großartig«, sagte Vera. »Der geheimnisvolle Fremde.«

Emma schaute den Mann an und versuchte, ihn mit den Augen ihrer Freundinnen zu sehen und zu verstehen, weshalb sie ihn attraktiv fanden. Es fiel ihr schwer. Letzten Endes hatte der Psychiater recht; sie war wirklich deprimiert.

Der Mann war früher als sie mit dem Essen fertig und verließ seinen Tisch. Als er bei den drei Frauen vorüberkam, erkannte er Emma und nickte ihr lächelnd zu. Joe hatte währenddessen Olympia wiedererkannt und zerrte wie wild an seiner Leine.

»Ihr Hund möchte wirklich noch bleiben!«, sagte Vera.

»Wollen Sie sich nicht zu uns setzen?«, fragte Charlotte.

Sie wies auf den freien Tisch gleich neben ihnen. Der Mann schien zu zögern, dann sagte er: »Ja, aber nur, um Ihnen Guten Abend zu sagen.«

Emma fand das erstaunlich – es klang so, als wollte er dieser Begegnung von vornherein Grenzen setzen. Dabei waren Vera und Charlotte attraktiv, und viele Männer wären erfreut gewesen über so eine Einladung.

Er nahm ihnen gegenüber Platz, und Emma konnte es sich nicht verkneifen, auf seine großen, männlichen Hände zu schauen. Sie bemerkte auch seinen selbstsicheren und ruhigen Blick, in dem keinerlei Schüchternheit lag. Sie unterhielten sich ein wenig über das Café und erwähnten die früheren Begegnungen von Olympia und Joe, die unter dem Tisch ein lebhaftes Hundegespräch führten.

»Lebt Deiner auch allein?«, fragte Olympia.

»Ja. Glaubst du, sie würden uns was zu fressen geben, wenn wir ein bisschen winseln?«

»Und ist er schon lange allein?«

»Ich weiß nicht. Kannst du sehen, ob sie noch was auf dem Teller haben?«

»Erinnerst du dich echt nicht, wie lange es schon her ist?«

»Ich weiß, dass mich seine Frau letzten Winter noch im Park ausführte«, sagte Joe, der selbst überrascht schien, dass ihm diese Erinnerung aufgestiegen war, wo er doch schon lange nicht mehr daran gedacht hatte.

»Und dann?«

»Sie ist lange im Bett geblieben, und eines Morgens kamen Leute in Weiß und haben sie mitgenommen.«

Olympia konnte sich vorstellen, was geschehen war: Solche Leute in Weiß hatte sie bereits auf dem Gehweg gesehen. Sie hatten verletzte oder sehr kranke Leute in ihren Transporter geschoben.

Weiter oben um den Tisch herum begann das Gespräch zu versanden, obwohl sich Vera und Charlotte alle Mühe gaben. Sie hatten ein wenig von sich selbst erzählt, aber der Mann hatte im Gegenzug nichts Persönliches enthüllt. Am Ende erhob er sich mit einem Lächeln, verabschiedete sich von ihnen und verließ das Café, wobei er Joe, der gern noch geblieben wäre, hinter sich herziehen musste.

»Er ist bizarr«, sagte Vera.

»Nein«, sagte Charlotte, »einfach nur zurückhaltend.«

»Wenn ich dabei bin, bleiben die Männer meist nicht lange zurückhaltend«, meinte Vera. »Außer den schüchternen.«

»Schüchtern wirkt er nicht«, warf Emma ein.

»Stimmt.«

»Eigentlich hatte man den Eindruck, dass er bloß geblieben ist, weil er nicht unhöflich sein wollte«, sagte Emma, »aber interessiert hat es ihn nicht wirklich.«

Wenn Olympia die Sprache der Menschen verstanden hätte, dann hätte sie das an die Worte des großen Setters erinnert: Manche Leute streichelten ihn nur aus Höflichkeit.

Am nächsten Morgen machte Emma mit Olympia einen Spaziergang durch den Park. Das Wetter war schön, ein paar pausbäckige Wölkchen trieben über den blauen Himmel, und Äste voll dicker Knospen reckten sich empor.

Emma und Olympia begegneten der jungen Frau, welche die Hunde ausführte, und außer Mirza dem Whippet und Tom dem Beagle hielt sie auch Joe den Boxerrüden an der Leine.

»Geht Deiner nicht mehr mit dir raus?«, fragte Olympia.

»Nein, heute früh hat er das Haus verlassen.«

»Und meinst du, er kommt wieder?«

»Ja, manchmal geht er morgens weg, aber er kommt jedes Mal zurück.«

»Na schön, dann wahrscheinlich bis morgen …«

»Deine sieht traurig aus«, sagte Tom, der nachdenkliche Beagle.

»Ja, aber nicht mehr so wie damals, als sie den ganzen Tag zu Hause saß.«

»Die Menschen sind ja auch dafür geschaffen, den ganzen Tag umherzulaufen«, sagte Tom, »genau wie wir früher.«

Olympia fragte sich, woher Tom seine Gedanken über die Welt von früher hatte, in der die Menschen noch im Rudel gelebt hatten und den ganzen Tag auf den Beinen gewesen waren. Auch sie konnte sich an die Vergangenheit erinnern, aber nur an ihre eigene. Was Joe betraf, so erinnerte er sich nur, wenn man ihm Fragen stellte, und bei Mirza war es noch schlimmer, denn an manchen Tagen schien sie die anderen Hunde gar nicht gleich wiederzuerkennen.

Emma nahm Olympia nun jeden Tag auf Spaziergänge mit, einmal vormittags und noch einmal am Nachmittag. Dabei liefen sie den anderen Hunden über den Weg und natürlich auch Joe dem Boxerrüden, der Olympia erzählte, dass es jetzt sein Besitzer war, der den ganzen Tag zu Hause blieb.

»Aber was macht er da?«

»Fernsehen.«

»Weiter nichts?«

»Doch, er schreibt viele Briefe, er kümmert sich um seine Papiere, und ich muss immer aufpassen, dass ich die Dokumente, die auf dem Fußboden herumliegen, nicht auffresse.«

Olympia sah, dass sich Joe gerade an etwas erinnert hatte, das nicht gerade angenehm gewesen sein musste.

Emma wiederum hatte von der jungen Frau erfahren, dass sie an den nächsten Tagen keine Zeit haben würde; sie musste ihre Abschlussprüfungen ablegen, um Krankenschwester zu werden, und da mussten die Hundebesitzer halt ohne sie zurechtkommen.

»Und wenn ich danach eine Stelle finde, kann ich mich sowieso nicht mehr um die Hunde kümmern.«

»Das wird für Sie ein neues Leben.«

»Ja«, sagte die junge Frau mit einem Lächeln, und man konnte erkennen, dass sie eine glückliche und verheißungsvolle Zukunft vor sich sah – ganz wie Emma in diesem Alter.

»Sie werden Sie vermissen«, sagte Emma und wies auf die Hunde.

»Oh«, meinte die junge Frau, »mir werden sie auch fehlen.«

Am nächsten Tag kam der nächste Spaziergang, und danach ging Emma mit Olympia wieder in das kleine Café. Aber der Mann war nicht dort und Joe logischerweise auch nicht. Emma bestellte einen zweiten Kaffee und trank ihn ganz langsam, dann nahm sie einen dritten und fühlte sich dabei ein bisschen dümmlich.

Gerade wollte sie bezahlen und losgehen, als der Mann eintraf, und zwar im Schlepptau von Joe, der sofort an seiner Leine zu ziehen begann, als er Olympia erblickte.

Der Mann zeigte mit einer entschuldigenden Geste auf Joe, als wäre sein Hund dafür verantwortlich, dass er sich an den Tisch setzte, der gleich neben Emmas stand.

»Mein Joe hat Ihre Hündin wirklich gern«, sagte er zur Eröffnung.

»Ja, sie sind sich gestern schon im Park begegnet.«

»Ah ja«, sagte der Mann nachdenklich.

»Sie hatten wohl viel zu tun?«

Der Mann wirkte ein wenig überrascht, als hätte er gerade bemerkt, dass Emma ihm eine persönliche Frage gestellt hatte.

»Ja, aber nur Papierkram.«

»Fällt da viel an bei Ihnen?«

»Im Moment eine ganze Menge, und bei Ihnen?«

»Oh, ich bin angestellt, da ist es ziemlich einfach.«

»In welcher Branche arbeiten Sie?«

»Bei einer Zeitung. Ich bin Redaktionssekretärin.«

»Ah«, sagte der Mann. Er fragte aber nicht, bei welcher Zeitung. Emma sagte sich, dass er die erste Frage nur gestellt hatte, damit sie aufhörte, ihn auszufragen. Und natürlich fragte er nicht weiter, weil sie keine interessante Person war, das wusste sie nur zu gut, egal, was ihre Freundinnen auch sagen mochten.

In diesem Augenblick begannen die beiden Hunde zu winseln, denn der Kellner hatte gerade eine Untertasse mit Keksen auf den Tisch gestellt – eine nette Geste für Stammkunden wie Emma und den Mann.

»Sollen wir ihnen einen geben?«, fragte Emma. »Zu Hause mache ich das nie.«

»Ich auch nicht«, sagte der Mann, »aber hier ist es natürlich etwas Besonderes.«

Sie hielten ihnen ein paar Kekse hin.

»Für unsere Hunde ist Glück ziemlich einfach«, sagte der Mann, als Joe voller Begeisterung einen Keks verschlang.

»Aber gleichzeitig hoffen sie, dass immer noch mehr kommt«, meinte Emma.

Der Mann lächelte, und Emma fand, dass es ein etwas trauriges Lächeln war.

»Ja, wenn man glücklich ist, hofft man, dass es immer so weitergeht.«

»Oder zumindest, dass es eines Tages zurückkehrt«, sagte Emma.

»Ah …«, sagte der Mann, als wäre das ein weitreichendes und schwer zu behandelndes Thema.

»Ich habe das Gefühl, mein Leben ist lebenswert, solange Olympia glücklich ist«, sagte Emma plötzlich.

Wie kannst du nur so etwas sagen, dachte sie augenblicklich. Er wird dich für übergeschnappt halten.

Aber der Mann sah sie an, und zum ersten Mal spürte Emma, dass er wirklich hinschaute.

»Das sage ich mir bei Joe manchmal auch.«

Sie bestellten noch einen Kaffee.

»Toll, dass wir jeden Tag gemeinsam spazieren gehen«, sagte Joe.

»Machen wir das eigentlich schon lange?«

»Es hat im Frühling angefangen«, sagte Olympia.

NEUN

Octobre

Es war einmal ein Mann, der alt geworden war.

Natürlich war er nicht auf einen Schlag alt geworden wie im Märchen, wenn die böse Fee den Zauberstab schwingt und einen verwünscht.

Nein, das Gefühl, alt zu sein, war ganz allmählich in sein Leben getreten, so wie an einem schönen Tag mit blauem Himmel zunächst ein paar Wölkchen vorbeiziehen, die man kaum bemerkt, und dann treiben Wolken heran, die schon ausladender sind und eine Zeit lang die Sonne verdecken, ehe sie dann doch wieder hervortritt, wenngleich nun ein bisschen verschleiert, und man hofft, dass es wenigstens so bleiben werde, aber da kommt schon eine große graue Wolkenfront heraufgezogen, verdeckt die Sonne endgültig und raubt jede Hoffnung, ihre Strahlen vor Einbruch der Nacht noch einmal sehen zu können.

Wenn er jedoch allein war, fühlte er sich nicht alt.

Morgens, wenn er in seiner Wohnung aufwachte, stieg er mühelos aus dem Bett, machte sich Kaffee und verfolgte, während er ihn trank, im Fernsehen die Nachrichten. Denn da hatte die Geschichte ihren Anfang genommen. Zu einer gewissen Zeit war er selbst Teil der Nachrichten gewesen, auch wenn er nie auf dem Bildschirm erschienen war, schließlich musste man in seinem Beruf so wenig sichtbar sein wie möglich. Viele der Länder, von denen in den Nachrichten die Rede war, hatte er selbst kennengelernt, besonders solche, in denen es unruhig zuging; in manchen hatte er eine gewisse Zeit gelebt, und das eine oder andere hatte er sogar gemocht.

Er hatte seinem Land gut gedient, denn er wies eine seltene Gabe auf: Die Leute öffneten sich ihm gerne – sogar jene, die es besser nicht hätten tun sollen. Er gab ihnen das Gefühl, ihre Sorgen oder Gewissensnöte immer zu verstehen und stets aufmerksam zuzuhören, ohne zu urteilen. Und so fassten die Leute schnell Vertrauen zu ihm und wussten nicht, dass ihre erste Begegnung nicht zufällig geschehen, sondern so sorgfältig arrangiert worden war, dass sie nach Zufall aussah.

Eines Tages hatte sein Chef zu ihm gesagt: »Das ist ja unglaublich, du bringst uns mehr Informationen ein, als wenn wir jemanden losschicken, in den sie sich verlieben.« Denn dies war eine von bestimmten Geheimdiensten gern praktizierte Methode – jemanden loszuschicken, in den man sich verliebt und dem man zu viel erzählt, vor allem aus dem Wunsch heraus, in den Augen dieser neuen, wunderbaren Liebe möglichst bedeutsam zu erscheinen.

An jedem seiner Einsatzorte hatte er einen anderen Beruf, einen sogenannten Tarnjob. Oft waren das Posten in kulturellen Einrichtungen, die seinen Staat im Ausland repräsentierten. Dann rechtfertigte seine Arbeit es, dass er unablässig neue Bekanntschaften schloss. Aber selbst diesen Tarnjob erledigte er gewissenhaft, denn er war von Natur aus integer, angetrieben von Pflichtgefühl und dem Wunsch, ein schönes Werk zu verrichten.

Seine letzte geheime Mission war schlecht ausgegangen, weil es in seinem Heimatland einen politischen Wechsel gegeben hatte. Sein Chef war daraufhin in Ungnade gefallen – und er gleich mit. Um das Dutzend Jahre, das ihn noch vom Ruhestand trennte, zu überbrücken, hatte er jetzt also ein kleines Büro am Zentralsitz einer der kulturellen Einrichtungen, die ihm als Tarnung gedient hatten. Er begutachtete Förderanträge, universitäre Austauschprogramme, Theaterprojekte oder Pläne für Installationen mit zeitgenössischer Kunst in ausländischen Hauptstädten, und er ging zu vielen, vielen Beratungen.

Und dort spürte er, dass er alt geworden war.

Zunächst einmal war sein Chef jünger als er, und auch wenn er ihn respektvoll behandelte (vermutlich war er über seine wahre Laufbahn im Bilde), war er es doch, der bei der Arbeit die Vorgaben machte. Manchmal kam es dem Mann so vor, als drücke er wieder die Schulbank, aber als Erwachsener.

An der Kaffeemaschine ging es weiter. Alle duzten sich, und auch er hätte spontan »Du« gesagt, denn obgleich er wusste, dass er älter war als die Leute, mit denen er in der Kaffeepause zusammenstand, sagte ihm sein Gefühl etwas anderes. Seine Kollegen aber siezten ihn und sagten manchmal »Monsieur«. Manche freilich hatten ihn auf ganz natürliche Weise geduzt, und er hatte gehofft, sich mit ihnen anfreunden zu können, aber dann hatte er gemerkt, dass sie nicht vorhatten, ihn außerhalb der Arbeit zu treffen, während sie mit gleichaltrigen Kollegen über gemeinsam verbrachte Wochenenden redeten. Seine Gabe, Vertrauen einzuflößen und eine Atmosphäre der Intimität zu erzeugen, schien ihn verlassen zu haben, zumindest bei seinen Landsleuten und vor allem bei den jüngeren.

Aber er litt nicht unter Einsamkeit, er litt nur darunter, dass seine Ehefrau nicht mehr da war, die Frau seines Lebens, die er in zweiter Ehe geheiratet hatte und die, noch voller Leben und Frische, binnen weniger Monate einer schlimmen Blutkrankheit erlegen war. Sie war in seinen Armen gestorben.

Statt in der Wohnung zu bleiben, in der sie zusammen glücklich gewesen waren, war er lieber umgezogen.

Sie hatten beide schon Kinder, als sie sich kennengelernt hatten. Die einen hatten die neue Partnerschaft gut aufgenommen, die anderen weniger. Er hatte noch immer ein enges Verhältnis zu einem seiner Söhne und einer ihrer Töchter, aber beide lebten mit ihren Partnern im Ausland. Ihre Laufbahn spielte sich auf internationaler Ebene ab, ganz wie einst seine, aber im Unterschied zu ihm hatten sie nur einen einzigen Job (so wollte er jedenfalls denken).

Obwohl er in Ungnade gefallen war, hätte er weiter in seinem wahren Beruf arbeiten können – für eine jener privaten Organisationen, auf die ein Staat manchmal zurückgreift, wenn er sich nicht direkt engagieren will. Manche seiner Kollegen waren dorthin gegangen, vor allem solche, die noch eine Familie zu ernähren hatten und ihre Kinder auf die Universität schicken wollten. Aber er hatte dazu keine Lust verspürt; es war die Vorstellung gewesen, seinem Land und dessen Verbündeten zu dienen, die ihm stets geholfen hatte, die unvermeidlichen schwierigen Momente in seinem Beruf durchzustehen, den manchmal notwendigen Verrat, die von anderen schlecht vorbereiteten Missionen, die Gefahren bisweilen, den Undank seiner Chefs und den Hass gewisser Rivalen.

Und deshalb saß er nun jeden Tag in seinem kleinen Büro und entschied, ob Haufen von verrostetem Schrott sein Land auf einem Festival der Gegenwartskunst in China repräsentieren sollten.

Glücklicherweise gab es auch Augenblicke, in denen er sich nicht alt fühlte. Das war, wenn er auf seinem Pferd saß.

Er hatte das Reiten durch seine Frau entdeckt, die seit ihrer Kindheit aufs Pferd gestiegen war. In den Regalen seiner Wohnung glänzten noch einige der Pokale, die sie bei Wettkämpfen gewonnen hatte, und daneben standen Fotos von ihr als junger Frau, auf denen sie lächelnd neben dem gerade aktuellen Pferd stand.

Sie hatte ihn in diese geheimnisvolle Beziehung zwischen dem Menschen und seinem Reittier eingeweiht, in diese unnatürliche Allianz zweier Geschöpfe, die in der Evolution so weit voneinander entfernt waren und doch in bestimmten Augenblicken zu einem einzigen verschmelzen konnten. Seinen ersten Reitunterricht hatte er gehabt, als sie mit dem Wettkampfsport aufgehört hatte, und dann waren sie gemeinsam über die weiten

Ebenen und durch die Wälder geritten. Manchmal im Sommer hatten sie ferne Länder auf dem Sattel durchstreift und abends unter dem weiten Steppenhimmel mit seinen zahllosen Sternen ihr Lager errichtet.

Was gab es danach noch zu leben, zu erleben?

Die Tage mit Octobre.

Octobre war ein *Selle Français* von sehr heller Färbung und außergewöhnlicher Größe. Bei ihren letzten Wettkämpfen hatte seine Frau ihn geritten, aber dann war Octobre zu alt geworden für Hindernisse, bei denen Beifall aufbrandet, wenn die Reiterin und ihr Tier scheinbar mühelos über sie hinwegfliegen.

Auch Octobre fühlte sich noch jung, verfiel gerne in Galopp, wenn man es von ihm verlangte, und erzitterte immer noch, wenn sich ihm eine Stute näherte.

Wenn sie in den nächstgelegenen Wald hineinritten, ließ Octobre ihn in eine andere Welt eintreten, die verschwundene Welt der Frau, die er liebte und die einst diese Zügel hier gehalten und ihre langen Beine gegen diesen Sattel gedrückt hatte. In die Welt des Waldes, der sie in seinen Schatten aufnahm als seine Geschöpfe. Während sie zwischen den Baumstämmen vorankamen, hatten sein Pferd und er kein Alter mehr; sie standen außerhalb der Zeit, sogen die dunstige Luft ein, lauerten auf ein Erzittern im Dickicht, aus dem manchmal eine Hirschkuh hervorsprang, legten auf dem Waldweg einen kleinen Galopp ein und kehrten dann zurück zum Wasser der Teiche, wo Octobre sich gern erfrischte.

Es lag an diesen Augenblicken, dass er die Bürostunden ertragen konnte, die Beratungen, die monotonen Pflichten des Alltags. Die Stunden, die er mit Octobre verbrachte, waren wie Inseln der inneren Heiterkeit und der Träume inmitten des grauen Ozeans, zu dem sein Leben geworden war.

Bald gesellte sich zu ihnen ein dritter Gefährte, ein Hund. Auch er hatte seiner Frau gehört. Nach ihrem Ableben hatte einer ihrer Söhne das Tier zu sich genommen. Aber dann war er in ein anderes Land berufen worden, in das man keine Hunde mitbringen durfte – mal ganz abgesehen davon, dass ihr Fleisch dort in manchen Restaurants auf der Speisekarte stand.

Und so war Joe der Boxer in die Wohnung des Mannes eingezogen, wo er eine weitere Erinnerung an die verstorbene Geliebte war. Joe hatte sich dort sofort zu Hause gefühlt; wenn der Mann aus dem Büro kam, begrüßte er ihn freudig; las sein Besitzer auf der Couch Zeitung, machte sich Joe neben ihm breit und drückte sich ohne große Umstände an ihn, und wenn der Mann aufstand und die Leine vom Haken nahm, um mit Joe einen Spaziergang zu machen, sprang der Hund ungeduldig herum.

»Und du, Joe, fühlst du dich alt?«, fragte ihn der Mann manchmal, und der Hund schaute ihn an und verstand natürlich nichts, aber es war, als läge ein Lächeln auf seinem platten Gesicht, und er wedelte mit seinem Stummelschwanz, denn er freute sich immer, wenn sein Besitzer mit ihm sprach.

Joe hatte Octobre wiedererkannt, Octobre hatte Joe wiedererkannt, und nach einem kurzen Blickwechsel hatte der eine die Gesellschaft des anderen scheinbar gleichgültig akzeptiert.

Und nun konnte man sie zu dritt durch die Wälder streifen sehen, den Mann auf seinem riesigen Pferd, den Hund an ihrer Seite – ein Dreigespann, das geradewegs einer mittelalterlichen Legende entsprungen schien.

Abends kehrte er zu dem Bauernhof zurück, auf dem Octobre gemeinsam mit anderen Pferden die Nächte verbrachte. Den Hofbesitzer bekam er so gut wie nie zu Gesicht, es war ein Geschäftsmann, der Rennpferde besaß, die er von anderen reiten ließ. Er hatte die Scheunen zu Ställen mit ziemlich geräumigen Boxen umbauen lassen, in denen sich jedes Pferd unbeschwert bewegen konnte.

Nora kümmerte sich um die Tiere. Sie war eine groß gewachsene junge Frau, schlank und anmutig, und doch schien sie überhaupt nicht auf ihr Aussehen zu achten. Stets lief sie in Arbeitskleidung herum, mit Stiefeln, Jeans und sommers wie winters derselben Jacke; ihre Haare waren zu einem lockeren Dutt zusammengesteckt, sie schminkte sich nicht und sprach immer nur über Pferde – über all jene Tiere, die von ihren Reitern hier in Pension gegeben worden waren. Sie pflegte und fütterte sie, und wenn ein Besitzer nicht regelmäßig vorbeischauen konnte, ritt sie mit seinem Tier jeden Tag ein wenig aus. Und vor allem sprach sie von den Pferden wie von ihren Kindern, und bei Octobre verstand sie es, seine wechselnden Stimmungen und seine Tagesform in immer neuen Nuancen zu beschreiben, wenn der Mann zum Reiten vorbeikam. Es war berührend, ihre hartnäckige und naive Leidenschaft für die von ihr betreuten Tiere mitzuerleben.

Einige Jahre früher, in einem anderen Leben, hätte er sich von ihr angezogen gefühlt, von ihrer Offenheit, ihrer einfachen Art und ihrer schlichten Schönheit, aber der Wunsch nach Liebe war bei ihm verschwunden, und ihm schien, dass es auch bei ihr so war.

Sie lebte in einem Häuschen, das an einen der Ställe angebaut war, und wann immer er vorbeikam, nie traf er sie mit einem Gefährten an; sie war stets nur mit ihren Tieren beschäftigt oder gab einem anderen Reiter Auskünfte über sein Pferd.

Als er eines Tages aus dem Wald zurückkam, erblickte er sie in der Nähe der Boxen, wo sie mit dem Hofbesitzer sprach, dem der Mann schon einmal begegnet war.

Der Eigentümer war ein massiger Typ, ein Koloss geradezu; er hatte eine autoritäre Art und einen kalten Blick. Dem Mann gegenüber hatte er nicht die kleinste Spur von Herzlichkeit gezeigt, was diesem nicht ungelegen kam, wollte er doch ohnehin keine neuen Kontakte knüpfen.

Aber als er Nora und den Eigentümer miteinander reden sah, erkannte er schon aus der Entfernung, dass eine große Spannung zwischen ihnen lag. Der Hofbesitzer hielt sich sehr aufrecht, als wollte er sie überragen, und sie wirkte ein wenig zusammengeschrumpft und hatte nicht mehr die ungezwungene Haltung, die er an ihr sonst immer erlebt hatte, wenn sie mit Tieren und Menschen umging.

Die beiden hörten, wie er sich mit seinem Pferd näherte, und sogleich machte der Hofbesitzer kehrt und strebte seiner Luxuslimousine entgegen. Er fuhr so heftig an, dass der Kies knirschte und aufflog.

Sie zitterte noch, als er vom Pferd stieg.

»Ist alles in Ordnung, Nora?«, fragte der Mann.

Sie schaute ihn an, ohne ihn wirklich zu sehen, denn in Gedanken war sie noch bei ihrem Wortwechsel mit dem Eigentümer. Dann brachte sie ein schwaches »Ja« über die Lippen.

Er hätte sie dazu bringen können, mehr zu sagen – immerhin war das seine Gabe –, aber eine Mischung aus Müdigkeit und Zartgefühl hielt ihn davon ab. Sie ließ Octobre in seine Box und machte den Mann auf eine Schwellung an der Fessel des Pferdes aufmerksam. »Er wird alt«, sagte sie.

Auf der Heimfahrt merkte er, dass diese Bemerkung so etwas wie eine Wolke von Traurigkeit in ihm zurückgelassen hatte. Er selbst fühlte sich noch nicht alt, aber Octobre war es nun geworden. Die Vorstellung, dass sein großes Pferd (denn inzwischen hatte er wirklich das Empfinden, dass es zu ihm gehörte) vielleicht gerade seine letzten Galopps machte, ließ ihn in eine Melancholie versinken, die über die ganze Fahrt hinweg andauerte, während Joe der Boxer, der in glücklichem Unwissen über sein Alter lebte, neben ihm auf dem Beifahrersitz hechelte.

Die nächsten Male achtete er darauf, Octobre nicht zu überfordern, und die Schwellung verschwand, auch weil Nora sie behandelt hatte. Sie selbst kam ihm traurig vor, und er widerstand seinem reflexhaft wiederkehrenden Drang, sie dazu zu bringen, sich ihm anzuvertrauen. Nein, er wollte keine neue Bindung schaffen, und wenn er von seinen Ausritten zurückkehrte und sie ihm dabei geholfen hatte, Octobre den Sattel abzunehmen, hielt er sie nicht auf, wenn sie fortging und sich um die anderen Pferde kümmerte.

An diesem Morgen war das Wetter schön, der Frühling hatte begonnen, und die Sonne zeichnete zwischen den Bäumen breite goldene Streifen. Es war noch kalt, und der Mann und die beiden Tiere bliesen kleine Atemwölkchen in die Luft.

In einem sehr dichten, alten Waldstück stießen sie hinter einer Wegbiegung auf ein Wildschwein.

Sie waren schon anderen Wildschweinen begegnet, aber keines davon war wie dieses gewesen: Es war das gewaltigste, das der Mann je gesehen hatte, ein Riese unter seinen Artgenossen, ganz wie Octobre.

Der Mann brachte sein Pferd zum Stehen, er wusste, dass Wildschweine gefährlich sein konnten, besonders wenn man sie überraschte. Joe begann zu knurren, und der Mann befahl ihm, ruhig zu sein.

Das Wildschwein hob den Kopf, wie um sie besser wittern zu können, und starrte sie mit seinen kleinen Augen an. Der Mann erkannte darin weder Furcht noch Zorn; es war, als würde das Monster ihre Gegenwart in diesem Wald hinnehmen. Es setzte sich in Bewegung und kam langsam auf sie zu.

Das war zu viel für Octobre, er machte abrupt kehrt, und trotz aller Bemühungen des Mannes, ihn zu zügeln, galoppierte er davon. Joe folgte ihnen ohne Gebell. Es war kein fröhlicher Galopp, eher eine verzweifelte Flucht. Octobre lief zu dicht an den Stämmen vorbei und achtete nicht auf die unteren Zweige; der Mann sah schon den Augenblick vor sich, in dem er aus dem Sattel geworfen würde.

Plötzlich war da ein großes Schwanken, und Octobre stürzte nach vorn.

Der Mann wurde in die Luft geschleudert und versuchte, sich beim Sturz einzurollen; sein Körper erinnerte sich daran, was ihm vor langen Jahren antrainiert worden war.

Er schlug auf dem Boden auf, ohne sich wehzutun, und erhob sich. Joe sprang in heller Aufregung um ihn herum.

Sie gingen zu Octobre hinüber, der mühsam aufstand. Das Pferd ließ sich anfassen, und der Mann griff nach den Zügeln. Er blickte um sich; das Wildschwein war verschwunden. Dann kehrte er zu Fuß zu den Ställen zurück und führte den lahmenden Hengst am Zaumzeug neben sich her.

»Er hätte sich noch schlimmer verletzen können«, sagte Nora, nachdem sie Octobre besorgt untersucht hatte. Der Mann musste lächeln, weil sie sich nur um das Pferd Sorgen machte, aber keine Sekunde um den Reiter.

»Er muss sich einige Tage ausruhen«, meinte sie und trat ein paar Schritte an den Mann heran. Als sie vor ihm stand, bemerkte er überrascht, dass sie sich geschminkt hatte. Er fragte sich, was der Anlass für diesen ungewöhnlichen Vorgang gewesen sein mochte, aber da entdeckte er, schlecht unter der Schminke verborgen, das Blau eines Blutergusses über ihrem Wangenknochen.

»Sind Sie gestürzt?«

Sie schaute ihn an und begriff sofort, dass er die Stelle gesehen hatte.

»Ähm, nein …«, stammelte sie und schlug die Augen nieder, »oder eigentlich doch.«

Eine Weile sagte niemand etwas.

»Ich glaube, jemand hat Sie geschlagen«, sagte der Mann in ruhigem Ton, und im selben Moment sagte er sich, was für ein Idiot er war; er wollte doch nicht wieder mit dem anfangen, was er nur zu gut beherrschte. »Und es war ganz sicher nicht Ihre Schuld«, fügte er hinzu.

Einige Minuten später wusste er über alles Bescheid.

Der Hofbesitzer, die Androhung, entlassen zu werden, wo sie

doch auf der Welt nichts anderes hatte als diesen Ort und ihre Leidenschaft für die Pferde.

Und das, was er wollte, wenn ihm danach war, und die Schläge, wenn sie es nicht wollte.

Als sie ihm all das gestand und ihr die Tränen unter den gesenkten Lidern hervorrannen, erriet er, dass sie eine lange Vergangenheit als hin und her gestoßenes und misshandeltes Kind haben musste und hier, in der Gesellschaft der Pferde, ihren Zufluchtsort gefunden hatte.

»Haben Sie nicht daran gedacht, zur Polizei zu gehen?«, fragte er.

Sie hob den Blick und schaute ihn mit einem demütigen und traurigen Lächeln an, einem Lächeln, das er in seinem Leben allzu oft gesehen hatte. Es war das Lächeln von Menschen, die sehr

früh begriffen haben, dass die Macht nie auf ihrer Seite stehen würde. Sie haben es hingenommen, dass sie ihr Leben mit Unterwerfung und Fügsamkeit verbringen, und können nur hoffen, dass eine solche Haltung sie vor Schlimmerem bewahrt.

Nein, sie würde gewiss nicht zur Polizei gehen.

Und er selbst, würde er es tun?

Auf der Rückfahrt, Joe schlief an seiner Seite, ließ ihn diese Frage nicht los. Natürlich konnte er zur Polizei gehen. Aber wenn sich Nora nun weigerte, eine Aussage zu machen? Um sie dazu zu bringen, hätte er eine Vertrauensbeziehung zu ihr aufbauen müssen, und davor schreckte er zurück; eine Beziehung war genau das, was er nicht wollte, wenn man Octobre und Joe einmal ausnahm.

Ganz davon zu schweigen, dass man nicht wissen konnte, wie die Sache ausgehen würde. Er hatte nachgeforscht, der Eigentümer war sehr einflussreich und galt als ehrenhafte Person – es sei denn, man forschte in seiner trüben und gut verschleierten Vergangenheit herum, was der Mann dank seiner Kontakte aus früheren Zeiten getan hatte.

Welches Gewicht würden Noras Worte im Vergleich zu denen des Hofbesitzers haben? Würde es nicht so klingen, als spräche da eine junge Geliebte, die sich Hoffnungen gemacht hatte und nun unzufrieden war? So würden es die Anwälte des Eigentümers gewiss darstellen. Und selbst wenn die Justiz ihr recht geben sollte – wer würde die junge Frau nach einer solchen Geschichte noch einstellen wollen?

In der nächsten Woche fuhr er wieder hin, um sich ein Bild von Octobres Genesungsprozess zu machen.

Nora empfing ihn, als ob nichts passiert wäre; die blaue Stelle auf ihrem Wangenknochen war unter dem dezent aufgetragenen Make-up kaum noch zu erkennen. Alles schien so zu sein wie früher.

Fast jeden Tag schaute er nun bei Octobre vorbei und ging zu ihm in die Box. Das Pferd wandte ihm den Kopf zu und musterte ihn, als wäre es darüber verwundert, dass der Reiter im Stall an seiner Seite blieb, statt es in den Wald zu führen. Der Mann sprach sanft mit ihm, legte die Hand auf seine Flanke und flüsterte ihm zu, dass er sich noch erholen müsse. Manchmal, wenn Octobre plötzlich in der Bewegung erstarrte, hatte der Mann den Eindruck, dass ihm das Pferd wirklich zuhörte. Joe indessen sah schon voraus, dass er sich eine Weile würde gedulden müssen; zuerst trampelte er auf der Einstreu herum und drehte in der Box seine Runden, dann legte er sich gähnend nieder.

An den nächsten Tagen führte der Mann Octobre aus der Box heraus; er hielt ihn am Zaumzeug und ließ ihn einige Schritte gehen. Nora hatte ihm gesagt, dass es hilfreich sein könne. Das Pferd hinkte jetzt weniger, machte aber schnell einen erschöpften Eindruck.

Der Mann hatte bereits einen Tierarzt dafür bezahlt, dass er Octobre die nötigen Medikamente verschrieben und ihm eine Art Schiene angelegt hatte. Nun ließ er ihn noch einmal kommen, damit er das große Pferd gründlich abhorchte. Dann die schlechte Nachricht: Octobre hatte Herzgeräusche, die im Lauf der Jahre vermutlich schlimmer geworden waren. Selbst wenn das Bein wieder in Ordnung kam, würde man das Tier künftig vor Galopps und überhaupt jeder Anstrengung verschonen müssen.

Als der Mann in langsamem Schritt neben Octobre herging, überkam ihn die Erinnerung an die letzten Spaziergänge mit seiner Frau. Der Park war weiß von Schnee gewesen, und sie hatte sich auf seinen Arm gestützt, weil sie so erschöpft war. Oft hatten sie stehen bleiben müssen, und dann hatte sie ihm ihr Gesicht entgegengehoben, um ihn zu küssen.

Auf seinen Spaziergängen mit Octobre und Joe begegnete er anderen Reitern, oft ganzen Familien, und alle fragten ihn, was es bei Octobre Neues gab. Sie wollten wissen, ob er sich wieder richtig erholen würde; die Kinder kamen gern nahe heran, um dieses große und so sanfte Pferd zu streicheln.

Als er eines Morgens in die Box gegangen war, um Octobre zu einem Spaziergang abzuholen, gesellte sich Nora zu ihnen und sagte, dass sie ein neues Pferd für ihn gefunden habe. Es schien ihr Freude zu bereiten, ihm diese Nachricht überbringen zu können.

»Es ist ein Anglo-Araber«, sagte sie, »und noch gut in Form.«

Er begriff, dass sie in seinem Fall an ein nicht mehr ganz junges Pferd gedacht hatte – noch ein Anzeichen dafür, dass er selbst alt geworden war. Fast war es ihm peinlich, dass sie in Octobres Beisein über dessen möglichen Nachfolger sprach; ihm war, als könnte das Pferd Noras Worte verstehen.

Nein, erklärte ihr der Mann, ein anderes Reitpferd wolle er nicht mehr.

Er würde nur noch ein paar Spazierritte machen, falls sich Octobre ausreichend erholte, und wenn das nicht mehr möglich war, solle man das Pferd für den Rest seiner Tage auf der Wiese grasen lassen.

Nora verstand ihn sofort und nickte zustimmend. Sie stellte ihm keine weiteren Fragen.

Eines Abends, als er Octobre in den Stall zurückbrachte und Joe munter um sie herumsprang, weil er spürte, dass es gleich nach Hause gehen würde, hörte er im Halbdunkel ein Schluchzen. Er ging um das Gebäude herum und entdeckte dort Nora, die sich weinend an die Mauer lehnte. Als er näher kam, sah er, dass ihre Lippe von einem Schlag angeschwollen war.

Ihn packte die Wut. Mit Octobre am Zügel überquerte er den Hof und ging geradewegs auf den großen Schlitten des Hofbesitzers zu, der neben dem Stall geparkt war, in dem sein eigenes Pferd stand.

Wo war er nur?

In der Box fand er weder den Eigentümer noch sein Pferd. Joe konnte es sich nicht verkneifen, überall herumzuschnüffeln.

Gerade wollte der Mann wieder gehen, als der Eigentümer plötzlich vor ihnen auftauchte. Er sah wütend aus.

»Was haben Sie hier zu schaffen?«, sagte er grob.

»Sie haben Nora geschlagen.«

In den Augen des Hofeigentümers sah der Mann weder Furcht noch Schuldbewusstsein, nur Zorn, von einem Eindringling behelligt zu werden.

»Das geht Sie einen Dreck an«, knurrte der Eigentümer.

»Kann sein, aber ich sehe es nicht gern, wenn ein Feigling eine Frau schlägt.«

Du Idiot, sagte er sich sofort, warum diese Beleidigung? Aber auch sein Zorn war übergequollen.

Der Eigentümer trat einen Schritt nach vorn und versetzte dem Mann einen heftigen Stoß. Jedenfalls wollte er das wohl, aber der Mann wusste, was in so einem Fall zu tun war; er packte eine der Hände, die sich ihm entgegenstreckten, und verdrehte dem Hofbesitzer heftig den Arm.

Der Eigentümer wich mit einem Schmerzensschrei zurück.

»Ich glaube, Sie sollten jetzt besser aufhören«, sagte der Mann.

Aber der andere starrte ihn an, mit unverminderter Wut, nun aber vorsichtiger.

Dem Mann wurde klar, dass der Eigentümer zehn Jahre jünger war und ein viel größeres Kampfgewicht mitbrachte. Aber was soll's, dachte er, was hatte er bei dieser Sache groß zu verlieren?

Der Eigentümer machte einen Schritt zurück und griff nach einer Schaufel, die an der Mauer lehnte. Ein guter Reflex, der ihm aus seiner sorgsam verschleierten Vergangenheit geblieben war.

»Wir sollten aufhören«, sagte der Mann.

Aber der Eigentümer warf sich ihm mit erhobener Schaufel entgegen. Der Mann konnte dem Schlag ausweichen, kam aber ins Straucheln und taumelte in den Kies. *Zu alt für so was*, dachte er im Fallen und versuchte, sich mit der Hand abzustützen, aber da sah er schon die Schaufel über sich.

Im selben Augenblick sprang Joe den Eigentümer an. Mit wütendem Knurren schlug er ihm die Zähne in den Arm. Der andere heulte vor Schmerz auf und ließ seine enorme Faust auf den Hund niedersausen. Joe sackte betäubt zusammen. Der Eigentümer stürzte auf ihn los, um ihm einen Schaufelhieb zu versetzen, der Mann warf sich ihm entgegen, versuchte ihn aufzuhalten, konnte ihn nicht ganz erreichen, und plötzlich war Octobre mitten unter ihnen.

Später, als der Hof nur noch vom flackernden Blaulicht des Polizeiautos und des Krankenwagens erleuchtet wurde, sprach der Mann in sanftem Ton zu Octobre, den seine letzte Kraftanstrengung niedergestreckt hatte. Nora kniete neben ihm und weinte.

Der Mann erklärte einem Polizeibeamten, der ihm zu jung vorkam, was geschehen war: Der Hofbesitzer hatte wütend auf Octobre eingeschlagen, aber der hatte sich nicht vom Fleck gerührt. Und mit einem Mal war das große Pferd auf ihn losgegangen.

Weder der Mann noch Nora hatten eingreifen können.

In seinem Todeskampf hielt der Eigentümer den Riemen seiner Reitpeitsche noch immer ums Handgelenk geschlungen.

Nach Octobres Tod kam der Mann noch einmal zu den Ställen, um seine letzte Rechnung zu begleichen und ein paar Dinge, die ihm gehörten, mitzunehmen. Er sah Nora wieder, aber seine Gegenwart schien sie stumm zu machen. Sie wich sogar seinen Blicken aus.

Doch dann folgte er ihr in Octobres Box, um dort sauber zu machen, und kaum waren sie vor unerwünschten Blicken sicher, warf sie sich ihm entgegen, schloss ihn in die Arme und flüsterte: »Danke, danke …«

Und als er spürte, wie sich ihr junger Körper bebend an seinen drückte, kam ihm wieder der Gedanke an ein anderes Leben. Aber nein, er wusste, dass er es nicht mehr wollte.

Kurz vor der Abfahrt begegneten ihm zwei Stammgäste des Hofes, ein etwa vierzigjähriger Reiter und dessen Frau, die sich auf einen Wettkampf vorbereiteten. Der Reiter stieg vom Pferd und erklärte dem Mann, dass er vorhabe, den Hof von den Erben des Eigentümers zu kaufen.

»Ich hoffe, wir sehen Sie dann hier wieder. Nora wird bestimmt ein neues Pferd für Sie finden.«

»Die Kinder hatten Octobre schrecklich gern«, meinte seine Frau.

»Ich auch«, sagte der Mann.

Und dann stieg er ins Auto und sagte ihnen nicht, dass er niemals wiederkommen würde.

Er spürte, dass es mit Octobres Tod einen zweiten Umschwung in seinem Leben gegeben hatte. Es war wie der Übergang in eine neue Phase.

Wohin er auch blickte, nirgendwo konnte er blauen Himmel sehen.

Nur Joe legte eine unveränderliche Freude an den Tag; er schien seinen Augenblick der Tapferkeit vergessen zu haben und Octobres Tod auch.

Als der Mann vom Sohn seiner zweiten Frau erfuhr, dass dessen Einsatz in China bald enden werde, wandte er sich seinem Hund zu und sagte: »Mein alter Joe, bald wirst du wieder in einer richtigen Familie leben.« Joe wedelte mit seinem Stummelschwanz, denn er freute sich immer, wenn sein Besitzer mit ihm sprach.

Der Mann hatte seine Entscheidung getroffen. Die Idee war ihm wie selbstverständlich erschienen, er spürte, dass sie schon seit dem Tod seiner Frau in ihm gewesen war.

Nicht nötig, noch eine Nacht darüber zu schlafen.

Er teilte seinem jungen Chef mit, dass er kündigen wolle. Der Chef wirkte überrascht und sagte, dass ihn alle vermissen würden.

»Andere berufliche Chancen«, sagte der Mann. Der Chef bohrte nicht weiter nach; vermutlich dachte er, dass sich der Mann einer jener Organisationen anschließen würde, die gern ehemalige Geheimdienstleute einstellten.

Man ließ ihn noch seinen Nachfolger heranbilden; er brauchte jetzt nur noch ein paar Stunden wöchentlich ins Büro zu kommen.

Joe war glücklich, sein Besitzer hatte jetzt mehr Zeit und nahm ihn zu ausgedehnten Spaziergängen durch den Park mit. Wenn sie zurückkamen, machten sie Zwischenhalt auf der Terrasse einer kleinen Brasserie, wo der Mann einen Kaffee trank und der Kellner auch einen Wassernapf für Joe brachte.

Hin und wieder fiel ihm eine Frau auf, die sich an einen Tisch in ihrer Nähe setzte.

Sie kam immer in Begleitung einer jungen Dackelhündin in Schwarz und Loh, mit der sich Joe gut verstand.

ZEHN

Zwei Schwalben in Paris

Unter allen Geschöpfen seid ihr es, denen Gott die
größte Anmut verlieh, und in der reinen Luft bereitete
er euch Wohnung.

Aus der Vogelpredigt des Franz von Assisi

Es war einmal ein Schwalbenpärchen, das sich zärtlich liebte, und
das Jahr für Jahr.

Diese Geschichte beginnt, als das Ende des Sommers nahte;
die Äcker lagen abgeerntet da, das Stroh war zu Ballen gepresst
und würde schon bald in die Scheunen gebracht werden. In einer
dieser Scheunen saßen unsere beiden Schwalben auf einem
Holzbalken, nicht weit von ihrem Nest, und betrachteten die
Sonne, die hinter Feldern und Wäldern unterging. Ohne es sich
sagen zu müssen, dachten sie beide daran, dass sie auf einem
letzten Flug zu den Teichen, kurz vor Einbruch der Nacht, noch
ein paar Insekten fangen und im Schnabel zu ihren Jungen heim-
bringen könnten. Die begannen nämlich gerade zu piepsen, denn
sie waren solch ein kleines Nachtmahl gewohnt.

»Sie übertreiben es wirklich«, sagte der Schwalbenpapa, »inzwischen können sie sich doch selbst ernähren.«

Das stimmte auch. In den letzten Tagen waren die beiden
Vogeljungen zu Jungvögeln geworden und hatten begonnen, mit
ihrem ererbten Instinkt und ihrer unheimlichen Geschicklichkeit
Insekten im Flug zu erhaschen.

»Ja, aber wir haben sie verwöhnt«, meinte die Schwalbenmama. »Und außerdem ist es ganz gut, wenn sie ein wenig zusätzliches Futter bekommen.«

Der Vater entgegnete darauf nichts, er wusste, dass die Mutter recht hatte. Sie machte sich schon seit einigen Tagen Sorgen, denn die Zeit des Vogelzugs hatte begonnen. Bald würden die kürzer werdenden Tage bei den Schwalben den unwiderstehlichen Drang auslösen, sich auf den Drähten, welche die Menschen durch die Luft spannen, oder auf den Dächern zu scharen, um schließlich alle gemeinsam in den Süden zu fliegen, der ein ewiges Paradies voller Insekten war, während hierzulande die kalte Luft in Kürze alle Fliegen und Mücken verschwinden lassen würde.

Aber diese alljährliche Reise war fürchterlich. Die Mutter konnte schon nicht mehr zählen, wie viele Schwalbenfreundinnen sie im Lauf der Jahre verloren hatte – sogar einige ihrer Kinder hatten ihren ersten Afrikaflug nicht überlebt. Zuerst kam das Meer, über dem manchmal Stürme losbrachen und die Schwalben in die Fluten drückten. Dann war die Wüste zu überfliegen, was die letzten Fettreserven kostete. Doch manchmal reichten sie nicht …

Deshalb wollte die Mutter den Augenblick des Abflugs jedes Jahr hinauszögern, und ihre Familie war stets eine der letzten. Sie achtete darauf, dass ihre Kinder so wohlgenährt und stark wie möglich waren, ehe sie zu dieser abenteuerlichen und gefährlichen Überquerung aufbrachen.

Der Vater hatte ein ungeduldigeres Naturell. Er liebte die Vorstellung, schon bald über den großen, feuchten Wäldern des Südens dahinzufliegen, wo es von Insekten wimmelte, die man sich mühelos schnappen konnte.

Im Lauf von Generationen hatten die Schwalben aus ihrer Region bessere Zugrouten gefunden, auf denen es weniger Meer und weniger Wüste zu überfliegen gab, aber dafür mussten sie auch längere Strecken zurücklegen.

»Und wenn wir nächstes Jahr einfach dortbleiben?«, sagte der Vater.

Denn in der nördlichen Gegend, in der sie einst geboren waren und nun wie ihre Vorfahren jedes Jahr ihre Nester bauten, schienen die Insekten mit jedem Frühjahr rarer zu werden. Deshalb waren manche Schwalben letztes Jahr nicht aus dem Süden zurückgekommen; sie hatten es vorgezogen, dort zu bleiben, wo es Nahrung im Überfluss gab. Auch die Schwalbenmutter hatte bereits daran gedacht. Myriaden von Insekten, gewiss, aber auch Raubtiere, Hitze und grausige Schlangen, die bis in die Nester kriechen konnten … Abgesehen vom Insektenreichtum mochte sie an diesen Ländern nichts. Und wenn ihre nächsten Vogeljungen dort zur Welt kommen würden, hätten sie keine Lust mehr, diese Weltgegenden, in denen man rund ums Jahr Nahrung fand, wieder zu verlassen. Künftig würden sie nur noch diese eine Hälfte der Welt kennenlernen. Die Schwalbenmutter aber hatte das Gefühl, dass ihre wahre Heimat im Norden lag.

»Und warum bleiben wir diesen Winter nicht einfach hier?«, fragte Junior.

»Er ist verrückt!«, rief Jeunette.

Junior und Jeunette: So hießen die beiden Kleinen oder eigentlich nicht mehr wirklich Kleinen, denn sie waren inzwischen fast ausgewachsen.

»Von wegen verrückt«, sagte Junior. »Ich habe schon andere Schwalben getroffen, die das machen wollen, und Mauersegler auch. Sie werden den Winter in der Stadt verbringen.«

»Aber wir sind doch keine Stadtschwalben«, meinte die Mutter.

»Und selbst die ziehen jeden Herbst in den Süden«, fügte Jeunette hinzu.

»Nicht mehr alle. Man sagt, dass manche von ihnen letztes Jahr hiergeblieben sind.«

»Und was ist mit ihnen passiert?«

»Der Winter war sehr mild, und sie fanden immer noch ein paar Insekten in den Baumstämmen oder im Boden ...«

»Ein paar Insekten«, sagte die Mutter, »das reicht doch nicht!«

»Und es gibt Menschen, die in ihren Gärten Futter für die Vögel streuen.«

»Pah«, sagte der Vater voller Verachtung, »sollen wir etwa auf die Menschen zählen, um satt zu werden?«

»Na ja, was weiß denn ich, auf jeden Fall sind schon Schwalben hiergeblieben.«

Außer Junior stimmten alle darin überein, dass diese Ideen der Stadtschwalben verrückt und gefährlich waren, vor allem, wenn sie sich allgemein verbreiteten. Einige Vögel könnten vielleicht überleben, wenn sie sich von dem nährten, was eine Stadt zu bieten hat, aber wenn alle Schwalben hierblieben, wäre eine Hungersnot garantiert.

»Okay«, sagte Junior, »aber ich möchte mein Glück versuchen.«

»Mein Sohn, du willst mich unglücklich machen!«, sagte die Schwalbenmutter und seufzte.

»Willst du das wirklich – deine Mutter unglücklich machen?«, fragte der Schwalbenvater, der es aufgegeben hatte, einem Sohn, der neuerdings nur noch seinem eigenen Kopf folgte, Befehle zu erteilen.

»Du bist völlig übergeschnappt«, sagte Jeunette. »Du wirst vor Hunger und Kälte sterben, und das war's dann!«

Genau das befürchteten auch Juniors Eltern, und überhaupt vertrauten sie dem Gerede der Stadtschwalben kein bisschen, diesen schwierigen Verwandten, die einen von oben herab betrachteten und dabei nicht einmal solide Nester bauen konnten!

Die Tage wurden immer kürzer, und allabendlich versammelten sich die Schwalben über dem Schilf, wo man nur ein paar Flügelschläge brauchte, um massenhaft Insekten zu erbeuten.

Fett, man musste Fett anlegen, denn es war der einzig mögliche Treibstoff, wenn man das Meer und die Wüste überfliegen wollte.

Schließlich kamen die Tage, an denen sich die ganze große Gemeinschaft der Schwalben auf den Scheunendächern und den von Menschen gespannten Drähten sammelte, und bald vernahm man das Flattern und Schwirren Tausender Flügel, und eine Wolke aus Vögeln stieg auf und entschwand gen Süden.

Mitten in einer dieser Wolken flog Jeunette nicht weit entfernt von ihrem Papa, der sie nicht aus den Augen ließ.

Und Junior?

Junior hatte sich von seinem Vorhaben nicht abbringen lassen und war im Norden geblieben. Und seine Mutter, die nicht vor lauter Sorge sterben wollte, hatte es vorgezogen, bei ihm zu bleiben; so konnte sie zumindest auf ihren Sohn aufpassen bei dem neuartigen Abenteuer, in einer Region auszuharren, die sie zur Winterzeit noch nie erlebt hatten.

Jeunette und ihr Vater flogen zunächst über Wälder hinweg. Eines Tages kamen sie über eine Lichtung und erblickten ein großes Wildschwein, hinter dem ein Frischling trippelte. Die beiden waren in die gleiche Richtung unterwegs wie die Vögel.

»Ziehen die auch in den Süden?«, fragte Jeunette.

»Nein, sie verbringen ihr ganzes Leben in dieser Gegend.«

»Die Armen!«

»Du musst sie nicht bemitleiden, die wissen schon, wie sie am besten durchkommen.«

So bleiben ihnen auch alle Gefahren der großen Wanderung erspart, dachte der Vater, aber er sprach es lieber nicht aus, denn er wollte seine Tochter nicht beunruhigen.

Bislang war die Reise für Jeunette und ihren Vater gut verlaufen. Sie durchquerten Regionen, in denen die Lüfte noch mild waren und die Insekten zahlreich. Abends suchten sie Schutz im

Röhricht oder ließen sich auf den Holzbalken der Scheunen nieder. Sie saßen dort neben Schwalben, die sie schon kannten, und die Eltern waren mit den Kindern vereint. Jeunette fühlte sich vollkommen sicher, und es war ihr ein Rätsel, weshalb der Vogelzug den Erwachsenen solche Sorgen zu machen schien.

Und dann kam das Meer.

Junior und seine Mutter langten währenddessen in der Stadt an.

Es war eine große Stadt, eine Landschaft, die sie nicht gewohnt waren, eine unendliche Abfolge von Dächern und rauchenden Schornsteinen, und außerdem gab es sehr hohe Häuser, in denen unzählige Menschen wohnten.

Zum Glück fand man dort auch Parks mit großen Bäumen, deren Blätter gelb zu werden begannen. Aus dem Geäst einer hohen Ulme heraus schauten Junior und seine Mutter den Menschen zu, die in den Straßen herumschlenderten; manche durchquerten den Park mit entschlossenem Schritt, andere schienen ziellos umherzustreifen, ganz zu schweigen von denen, die wieder und wieder die gleiche Parkrunde rannten, als würden sie den Ausgang nicht finden.

»Guck mal, Mama, es ist genau, wie man mir gesagt hat!«

Unter ihnen hatte sich eine alte Dame auf eine Bank gesetzt, ihre Tasche geöffnet und trockenes Brot hervorgeholt, das sie jetzt zerkrümelte und vor sich auf dem Boden verteilte.

»Los, lass uns hinfliegen!«, rief Junior.

»Warte mal«, hielt ihn seine Mutter zurück.

Eine erste Schar Tauben kreiste um die Dame und ließ sich zu ihren Füßen nieder, dann folgte ein Möwenschwarm, und bald schon war der Boden um die Dame herum ein großer Teppich aus grauen und weißen Vögeln. Es gab Streitereien, Schreie und Flügelschlagen, und hin und wieder wurde ein Vogel aus dem Kreis verjagt. Keine Chance für zwei Schwalben, in diesem Kampfgetümmel viel größerer Vögel den Sieg davonzutragen.

Es dauerte nicht lange, da kam ein Mann mit einer Schirm-mütze vorbei und redete mit der Dame. Die stand auf und machte sich davon, noch ein ganzes Stück weit von flatternden Vögeln umringt.

Junior und seine Mutter sahen, wie sich jetzt ganz kleine Vö-gel an der verlassenen Bank einfanden – Sperlinge.

Nun konnten sie sich heranwagen.

Obgleich die beiden Arten einen ganz unterschiedlichen Ge-sang haben, sodass sie einander nicht verstehen, sträubten die Sperlinge sich nicht gegen die Ankunft der beiden Schwalben und ließen es zu, dass sie mit ihnen die Krümelchen aufpickten, welche die Tauben und Möwen zurückgelassen hatten.

»Siehst du, Mama, das ist doch fantastisch!«

»Ich bin mir nicht sicher, ob diese Nahrung gut für uns ist«, meinte die Schwalbenmutter.

»Aber den Sperlingen bekommt sie ja auch.«

»Sicher, aber wir fressen doch nur Insekten.«

»Also, ich fand es ziemlich lecker.«

Die nächsten Tage verliefen ganz ähnlich: In diesem oder einem anderen Park, manchmal auch in einem Garten, gab es stets einen Menschen, der Futter ausstreute – im Grunde waren es, wie die Schwalben begriffen, Reste eigener Nahrung, als wollte er mit den Vögeln teilen. Man musste nur auf die Katzen aufpassen, aber das war ja nichts Neues, und überhaupt waren Stadtkatzen nicht so flink wie die vom Lande, die das Jagen eher gewohnt waren.

Nach einiger Zeit zog tatsächlich die Kälte ein, und man musste sich nach einem Obdach umsehen. Es kam jetzt nicht mehr in Frage, die ganze Nacht auf einem Ast zu verbringen. Mit jeder neuen Morgendämmerung fühlte Junior seine Kräfte ein wenig mehr schwinden, und er hatte schon Angst, von seinem Ast zu fallen.

»Siehst du«, sagte seine Mutter, »es ist nicht alles rosig hier.«

Junior erwiderte darauf nichts.

Sie machten sich daran, ein passendes Dach zu suchen, und fanden am Ende auch eines. Ein Haus inmitten eines Gartens mit einem Gebälk, das unter dem Rand des Daches noch sichtbar war. Dort entdeckten sie etwas Herrliches: ein verlassenes Nest von Stadtschwalben, die in den Süden gezogen waren.

Sie gewöhnten sich schnell an dieses Nest und dieses Haus. Eines Morgens streute seine Bewohnerin, eine blonde Frau, der die Gegenwart der Schwalben aufgefallen war, ein paar Körnchen Vogelnahrung auf das Fensterbrett vor ihrem Schlafzimmer.

Eleanor war von der Ankunft der Schwalben überrascht gewesen. Warum waren sie nicht fortgezogen? Sie nahm sich vor, die Frage einem Kollegen zu stellen, der ein Experte für Zugvögel war; sie selbst kannte sich nur mit Primaten gut aus.

Hinter der Scheibe beobachtete sie jeden Morgen, wie sich Junior und seine Mutter auf dem Fensterbrett niederließen, ihr einen schnellen Blick zuwarfen und dann mit Appetit das Vogelfutter aufpickten.

»Sie sind wirklich süß, unsere Schwalben«, sagte sie zu Titus, der auch herangekommen war.

Titus nickte.

Junior war erschrocken gewesen, als er Titus zum ersten Mal erblickt hatte. Ein Tier, das ganz mit Fell bedeckt war wie eine Katze oder ein Hund, aber dabei die Gestalt eines Menschen hatte oder vielmehr die eines Menschenkindes! Ein Wesen mit rundem Kopf und großen Zähnen!

»Hab keine Angst«, sagte seine Mama, »das ist ein Affe.«

»Ein Affe?!«

»Ja, in den Wäldern des Südens gibt es viele davon. Sie sind nicht bösartig, aber manchmal stehlen sie den einheimischen Vögeln die Eier aus den Nestern.«

»Aber warum ist er hier und nicht im Süden?«

»Weiß ich nicht. Vielleicht haben sie ihn eingefangen – wie die Vögel in den Käfigen.«

»Aber in diesem Garten läuft er frei herum; er könnte doch entfliehen.«

»Keine Ahnung«, sagte die Schwalbenmama. »Vielleicht ist er wie ein Hund oder eine Katze geworden. Er hat sich an die Menschen gewöhnt.«

Eines Tages wollte der Affe sie aus der Nähe betrachten, kletterte aufs Dach und schob seinen Kopf über den Rand. Junior und seine Mutter erstarrten vor Schreck, aber dann verschwand der Kopf wieder, und es folgte ein Geräusch, das nach einem kleinen Freudenschrei klang.

Jeden Morgen ließ die blonde Frau das seltsame Geschöpf in einen Kleintransporter steigen und fuhr mit ihm davon. Einmal folgten Junior und seine Mutter ihnen. Der Transporter kam in einem großen Park an, den sie noch nicht kannten. Der Affe stieg aus, und in den Bäumen waren Schreie zu vernehmen. Von ihrem Beobachtungsposten auf den höchsten Zweigen erkannten Junior und seine Mutter andere Affen, die sich einfanden, um den Hausaffen zu begrüßen; schon bald war er von seinesgleichen umgeben, von ausgewachsenen und kleinen Affen, die ihn in Empfang nahmen, als wäre er eine bedeutende Person.

»Dieser Park ist ja voller Affen!«, rief Junior.

Die Schwalbenmutter sagte darauf nichts. Es war echt unbegreiflich, diese Affenart lebte doch in den tiefen Wäldern des Südens, was machten sie auf einmal hier?

»Vielleicht haben sie eine große Wanderung gemacht ...«, meinte sie am Ende nachdenklich.

Sie und ihr Sohn hatten beschlossen, in der Stadt zu bleiben, während diese Affen in den Norden gezogen waren – also wirklich, die Welt war aus den Fugen!

Die Zugschwalben waren dem Lauf der Täler gefolgt, um den heftigen Winden über den Bergeshöhen zu entgehen. Aber in diesen Regionen flogen auch Raubvögel umher, die sehr weit oben über ihnen am Himmel kreisten und plötzlich auf ihre Beute niederschossen. Jeunette und ihr Vater entwischten diesen schrecklichen Kreaturen mehrmals um Haaresbreite, während andere Schwalben weniger geschickt waren oder einfach kein Glück hatten. Und so entdeckte Jeunette ein neues Gefühl: in ständiger Angst zu fliegen und den Himmel danach abzusuchen, woher der Tod auf einen niedergehen konnte.

Und dann kam das Meer. Der Vater hatte ihr eigentlich versprochen, dass es eine gute Route sei und sie schon vor Tagesanbruch die andere Küste erreicht haben würden, aber irgendwer musste vom Kurs abgekommen sein, denn als es hell wurde, erstreckte sich das Meer immer noch unter ihnen, unendlich weit.

Isaac saß hinten im Boot; er schaute empor und sah über sich eine Wolke von Schwalben. Er musste an die Vögel denken, die jedes Jahr in der Nähe seines Dorfes Rast machten und ein paar Nächte blieben, ehe sie weiter nach Süden zogen. Ein Schwall von Nostalgie überkam ihn. Was ist aus mir geworden, dachte er, was habe ich auf dieser Galeere eigentlich zu suchen? Und er blickte auf die anderen, die sich um ihn drängten, Männer und Frauen und Kinder, die weinend aufwachten.

Aber natürlich wusste er, weshalb er auf diesem überladenen Boot war, das auf einem Meer schaukelte, dessen Oberfläche sich zu kräuseln begann. Sein ganzes Dorf hatte Geld zusammengetragen und schließlich ihn, Isaac, für diese weite Reise ausgewählt, was seine Mutter sehr unglücklich gemacht hatte. Für die einen hatte Isaac seinen bisher ungeahnten Wert unter Beweis gestellt, als er einen Löwen getötet hatte wie die jungen Männer von früher. Andere erinnerten sich an Isaacs gute Leistungen in der Schule; in den Ländern der Weißen würde ihm so etwas sicher helfen. Und wieder andere, vielleicht die weisesten, dachten, dass Isaac bei seinen Nächten unter den Raubtieren einfach eine Menge Glück gehabt hatte, und konnte man eine bessere Wahl treffen, als einen Glückspilz auf eine solche Reise zu schicken?

Sie hatten vermutlich recht gehabt, denn bisher war Isaac allen Gefahren entgangen, die in den Wüsten und an den Grenzen auf einen lauern konnten; er war dem Hunger entgangen, der Gewalttätigkeit der Menschen, den Gefängnissen, dem Raub seiner mageren Geldmittel, und nun hockte er auf diesem Fischerboot, das mit mehr Menschen beladen war, als es eigentlich aufnehmen konnte.

Aber das Glück schien sich zu wenden. Das Meer, das in der Nacht so ruhig dagelegen hatte, begann kabbelig zu werden; das Boot hob und senkte sich im Seegang, und ein Geruch nach Angst und Erbrochenem folgte ihnen wie eine Wolke überallhin. Als ihr Boot für einen Augenblick auf einem Wellenkamm ritt, erblickte Isaac in der Ferne flüchtig eine lang gestreckte und flache Landmasse, die er für eine Insel hielt.

Aber sie war so weit weg, und auf den Wogen bildeten sich die ersten Schaumkronen.

Auf der *Vendôme*, einer eleganten Milliardärsjacht, die man zu einem Kreuzfahrtschiff umfunktioniert hatte, betrachtete Lena das Meer, das immer höhere Wellen schlug.

Sie waren unterwegs zu ihrem nächsten Reiseziel, einer antiken Stadt, in der man Tempel und Arenen besichtigen konnte – Überreste einer glanzvollen Vergangenheit, was man auch von manchen Passagieren auf diesem Luxusschiff für betuchte Touristen hätte sagen können.

Nachdem Lena Mutter geworden war, hatte sich die Art ihrer Kreuzfahrten geändert. Schluss mit den Passagen durch Packeis und nördliche Meere, Schluss mit Langstreckentransporten auf den Ozeanen. Künftig fuhr sie höchstens noch zehn Tage am

Stück zur See und kehrte danach erst einmal zu ihrem Baby zurück und zu ihrem Mann. Der hatte die Seefahrt vollends aufgegeben und arbeitete jetzt an Land für ein großes Seetransportunternehmen, in dem man seine technischen Kenntnisse und seinen Arbeitseifer zu schätzen wusste. Lena glitt währenddessen mit der *Vendôme* oder ähnlichen Kreuzfahrtschiffen über die Meere.

Im Morgengrauen erblickte sie in der Ferne so etwas wie ein orangefarbenes Aufblitzen, vor das sich sofort wieder eine Welle schob. Dann erschien es von Neuem, und sie erkannte das Orange der Rettungswesten auf einem Boot, das kaum noch aus dem Meer herauszuragen schien.

Sie traf ohne langes Zögern eine Entscheidung, die viel leichter war als die Frage, ob man einen außer Kontrolle geratenen Atomeisbrecher aufgeben sollte oder nicht: Das Wetter verschlechterte sich, es war kein anderes Schiff in der Nähe, und irgendwer musste dem Boot zu Hilfe eilen. Sie ahnte bereits, welche Scherereien ihr das einbringen würde: die Schwierigkeit, einen Hafen zu finden, der die neuen Passagiere aufnahm, und all die Probleme des Zusammenlebens der alten Fahrgäste mit den neuen.

Als die Frühaufsteher unter den Touristen begriffen, was da gerade ablief, verbreitete sich die Neuigkeit schnell auf der ganzen *Vendôme*. Und wie schon in Isaacs Dorf waren die Leute auch hier unterschiedlicher Meinung.

Die einen dachten, dass man die Pflicht und Schuldigkeit hatte, diesen Menschen in Seenot zu Hilfe zu kommen und sie dabei zu unterstützen, ihre Hoffnungen zu verwirklichen, denn schließlich waren sie unsere Mitmenschen, Brüder in Christus oder Verdammte dieser Erde. Andere fanden, dass sie für diese teure Kreuzfahrt nicht bezahlt hatten, um sich plötzlich Seite an Seite mit Elendsgestalten wiederzufinden, die vielleicht auch noch gefährlich waren. Wieder andere sagten, dass man diese unglücklichen Menschen gewiss retten müsse, sie aber dann dorthin zurückbringen solle, von wo sie aufgebrochen waren, denn wenn man sie an ihren Wunschort brachte, bedeutete das, andere zu ähnlichen Überfahrten zu ermuntern und neue tödliche Bootsunglücke zu begünstigen. Außerdem würden die Menschen in ihrem Land diese Ankünfte von einem Kontinent, dessen Bevölkerung unerschöpflich war, immer weniger akzeptieren. Und manche Passagiere hatten alle diese drei Ansichten gleichzeitig oder kurz nacheinander, während Lena wusste, dass es die gleiche Diskussion geben würde, wenn die Führung des Unternehmens, dem die *Vendôme* gehörte, später über das Verhalten ihrer Kapitänin urteilte.

Eine Debatte, die aber von selbst verstummte, als in den sozialen Medien die ersten Fotos auftauchten: »Kapitänin eines Kreuzfahrtschiffes rettet …«

Und später, als sie im Dorf Nachrichten von Isaac erhielten, glaubten die, die daran glaubten, man könne sein Glück machen, noch mehr daran als früher, und Isaacs Mutter und Joséphine weinten vor Freude.

Als die Erschöpfung vom ständigen Kampf gegen den Wind einige Schwalben in das schäumende Meer hinabzudrücken begann, erblickten andere in der Ferne eine Insel, und bald fielen sie mit ihrem ganzen Schwarm dort ein, piepsend vor Freude.

»Papa, sind wir jetzt da?«

»Nein, noch nicht. Aber der Rest ist nicht mehr so schwierig.«

Und schon vernahmen sie das Geräusch schwirrender Insekten in der Luft, und die fröhliche Jagd begann.

Einige Tage später kamen sie durch große Ebenen, in denen hier und dort ein paar Bäume standen. Jeunette und ihr Vater ließen sich auf ihnen nieder, um Tiere aller Art zu beobachten. Der Schwalbenvater kannte sie bereits, aber Jeunette entdeckte sie mit großem Erstaunen. Sie war beeindruckt von den Löwen, den Löwinnen und den Geparden, die alle aussahen wie riesige, einem Albtraum entstiegene Katzen.

»Hab keine Angst«, sagte der Vater, »die interessieren sich für viel größere Brocken als uns.«

»Und all diese Tiere gehen nie auf Wanderschaft?«

»Nein … na ja, doch … die dort hinten, die so ähnlich wie Kühe aussehen.«

In der Ferne zog eine große Gnuherde vorüber.

»Die sind es, für die sich die Löwenweibchen interessieren.«

Unter ihrem Baum trabte friedlich ein Nashorntrio entlang, zwei riesige Tiere in Begleitung eines kleineren, das zwischen ihnen trottete.

»Und für die auch?«

»Nein, das sind zu dicke Brocken.«

Auf dem Rücken der Nashörner entdeckte Jeunette etwas Erstaunliches: Vögel! Sie schienen überhaupt keine Angst zu haben und pickten sogar auf den Dickhäutern herum.

»Jedes Rhinozeros trägt solche Vögel auf sich«, erklärte der Schwalbenvater. »Sie jagen auch ein wenig, so wie wir, aber vor allem ernähren sie sich von den Insekten auf der Haut ihres Nashorns.«

»Und dann haben sie immer etwas zu fressen und müssen sich gar nicht groß anstrengen?«

»Ja, solange es ihrem Nashorn gut geht.«

»Warum machen wir es nicht einfach wie sie, Papa? Sollten wir uns nicht einfach ein Nashorn suchen?«

Jeunette schwebte plötzlich ein neues Leben vor: bar aller Gefahren auf dem Rücken eines Nashorns.

»Das ist nicht möglich«, sagte ihr Papa.

»Aber wieso denn nicht?«

»Deinen Bruder und deine Mutter möchtest du wohl nie wiedersehen? Willst du in diesem Land die einzige Schwalbe sein, die so lebt?«

Jeunette entgegnete nichts, aber ihr wurde klar, dass ihr Vater recht hatte.

In der Stadt hielt der Winter Einzug, und bald fiel auch Schnee – etwas, was Junior und seine Mutter noch nie gesehen hatten. Von Eleanor gut gefüttert, unternahmen die beiden Schwalben noch kleine Rundflüge in der kalten Luft, aber man musste der Wahrheit ins Auge sehen: weit und breit kein Insekt.

Sie verdankten ihr Überleben letztlich jener blonden Frau mit dem Affen. Freilich suchten sie auch nach anderen Nahrungsquellen und fanden sogar welche – Müllhalden oder schlecht verschlossene Abfalltonnen –, aber dort gab es immer die erbitterte Konkurrenz der Möwen und Stadttauben.

Eines Tages, als die Sonne schien, sahen Junior und seine Mutter, dass man in einem kleinen Café am Rande des Parks die Tische und Stühle wieder auf die Terrasse gestellt hatte. Ein Mann und eine Frau saßen dort, und neben ihnen hockten friedlich zwei Hunde, ein großer und ein kleiner. Auch die beiden Menschen machten einen friedfertigen Eindruck. Vielleicht würden sie ihnen etwas zu fressen geben wie Eleanor?

»Schau mal«, sagte die Frau, »das sind Schwalben, oder?«

»Aber Schwalben bleiben doch im Winter nicht hier«, meinte der Mann.

»Offenbar haben sie nicht in den gleichen Naturführer geguckt wie du«, sagte die Frau mit einem Lächeln.

»Besonders scheu scheinen sie nicht zu sein.«

»Glaubst du, ein paar Krümel vom Croissant wären etwas für sie?«

»Nein«, sagte der Mann. »Schwalben sind Fleischfresser.«

»Ein bisschen vom harten Ei?«

»Ja, vom Eiweiß.«

Junior und seine Mutter kehrten oft an diesen Ort zurück, und wenn die Tische im Freien standen, warfen der Mann und die Frau ihnen Krümel vom hart gekochten Ei hin, und die Hunde, die bei dieser Verteilaktion anfangs ein wenig in Aufregung geraten waren, hatten sich schließlich daran gewöhnt und beachteten die Schwalben nicht mehr. Am Ende pickten Junior und seine Mutter die Krümel sogar vom Tisch – das beste Mittel, um der Konkurrenz der Tauben zu entgehen, die es nicht wagten, so nahe heranzukommen.

»Auf diese Weise hat man vermutlich die ersten Hunde domestiziert«, sagte der Mann.

»Und auch ich habe dich so domestiziert«, sagte die Frau.

»Ich habe dich an meinen Tisch herankommen lassen!«

Junior und seine Mutter hörten den Mann und die Frau lachen. Das beunruhigte sie nicht weiter, die Schwalben hatten sie schon oft lachen hören.

Nach langer Reise kamen Jeunette und ihr Vater schließlich ins Land der großen, feuchten Wälder, und jeden Tag aufs Neue hatten sie ein Festmahl von Insekten.

»Würdest du gern hierbleiben?«, fragte der Vater.

»Nein«, sagte Jeunette. »Der Himmel hier ist nicht wirklich unserer. Und am liebsten habe ich Scheunen und Dächer.«

»Geht mir genauso«, sagte der Vater.

Die Tageslänge änderte sich hier kaum, aber ein anderes geheimnisvolles Signal ließ sich in ihrem Inneren vernehmen – das zum Nestbau. Jeunette verspürte es erstmals in ihrem Leben. Durch diesen inneren Ruf hatten es die Schwalben auf dem Rückflug eiliger als auf ihrem Weg nach Süden, und es gab zahlreiche Verluste.

Endlich erblickten Jeunette und ihr Vater im Abendlicht die heimatliche Scheune. Was für ein Glücksgefühl!

Junior und seine Mutter erwarteten sie bereits auf ihrem Lieblingsbalken.

»Wir hatten eine außergewöhnliche Reise!«, sagte Jeunette zu Junior.

»Es war fantastisch, den Winter hier zu verbringen!«, sagte Junior zu Jeunette.

Ihre Eltern waren zu einem kleinen Rundflug aufgebrochen.

»Nächsten Herbst fliege ich wieder in den Süden.«

»Aber nein, bleib lieber hier. Dann zeige ich dir unser Stadthaus.«

»Städte mag ich nicht!«

»Weil du sie nicht kennst«, sagte Junior.

Als die Nacht hereinbrach, kabbelten sie sich immer noch, während ein Wildschwein und sein Junges ganz in der Nähe einen Feldweg entlangliefen und Isaac im Schlafsack unter einem Vordach lag und von Löwen träumte und Eleanor in einer Videokonferenz mit einem Schwalbenexperten sprach und Titus ihr über die Schulter schaute, um vom Gespräch nichts zu verpassen, und Yop am Ufer entlangrannte, um ein Stück Holz zu holen, das sein Präsident für ihn geworfen hatte, und drei Nashörner eng aneinandergeschmiegt am Fuße eines Baobabs schlummerten und ein melancholisches Schuppentier immer weiter hineinlief in einen tiefen, dichten Wald.

Nachwort

Im Februar 2020, zu Beginn der Corona-Epidemie, bat mich mein deutscher Verlag, einen Text für einen Sammelband zu schreiben. Er sollte unsere Verbündeten, die Buchhändler, im Lockdown unterstützen.

Mir kam die Idee für ein *conte*, eine jener philosophisch-märchenhaften Erzählungen und Fabeln, die ohnehin mein Lieblingsgenre sind. Und die Geschichte spielte in der Tierwelt, denn damals zog das Schuppentier, ein bislang so unauffälliger Säuger, gerade die Aufmerksamkeit aller Welt auf sich.

Wie jedes französische Kind meiner Generation bin ich mit Jean de La Fontaines Fabeln groß geworden, diesen Juwelen unserer Literatur, in denen sprachbegabte Tiere auftreten, die bisweilen auf uns Menschen treffen. Die moralischen Schlussformeln dieser Fabeln sind häufig zu Sprichwörtern geworden, die noch heute in aller Munde sind. Man trifft in ihnen auf einen melancholischen Pessimismus und einen desillusionierten Humor, die meiner eigenen Inspiration nicht fremd sind, auch wenn ich dazu tendiere, meine Geschichten glücklich ausgehen zu lassen.

So entstand *Das Schuppentier, die Katze und der kleine Junge.*

Im Oktober 2020, bei einem freundschaftlichen Abendessen in einem Münchner Restaurant mit Blick auf die Oper, die wegen der Pandemie erneut geschlossen war, meinten meine Verlegerin Britta Egetemeier und meine Lektorin Linda Walz: »Diese fabelhafte Geschichte trifft in ihrem märchenhaften Ton genau den

Puls unserer Zeit. Wie wäre es, wenn du noch eine Handvoll Geschichten dieser Art schreiben würdest?«

Weshalb war ich nicht selbst auf etwas so Offensichtliches gekommen? Natürlich musste ich weitermachen und, in aller Bescheidenheit, in den Spuren meines genialen Vorgängers La Fontaine wandeln! Er hatte zu einer Zeit geschrieben, als die Natur noch vollkommen intakt zu sein schien; heute wissen wir, wie gefährdet sie ist, und auch diese tiefe Sorge hat mich zu meinen Geschichten inspiriert.

Gleich am nächsten Tag begann ich *Im Rosengarten* zu schreiben, aber damals ahnte ich nicht, dass man die Erzählung als ein Vorspiel zu dem lesen könnte, was sich anderthalb Jahre später in der Ukraine ereignet hat.

Die übrigen *fabelhaften Geschichten* sind auf einem Humus aus Erinnerungen an Menschen und Tiere, die ich gut gekannt habe, gewachsen; sie sind aus Zufallsbegegnungen hervorgegangen, aus meinen Erfahrungen als Psychiater, aus literarischen Einflüssen und jenen anderen Zutaten, über die sich kein Autor im Klaren ist.

Wenn ich sie heute wiederlese, habe ich den Eindruck, dass mich beim Schreiben eine Art Mitgefühl für Menschen und für Tiere antrieb – sind wir doch allesamt arme Sterbliche – und mit Blick auf unsere Nachgeborenen eine Mischung aus Beunruhigung und Optimismus.

François Lelord, Paris, 16. Juni 2022

Penguin Random House Verlagsgruppe FSC® N001967

PENGUIN und das Penguin-Logo sind Markenzeichen
von Penguin Books Limited und werden
hier unter Lizenz benutzt.

1. Auflage
Copyright © 2022 Penguin Verlag
in der Penguin Random House Verlagsgruppe GmbH,
Neumarkter Straße 28, 81673 München

Umschlaggestaltung: Sabine Kwauka
Umschlagabbildung: Daphne Patellis
Satz: Leingärtner, Nabburg
Druck und Bindung: Friedrich Pustet, Regensburg
Printed in Germany.
ISBN 978-3-328-60233-0
www.penguin-verlag.de

 Dieses Buch ist auch als E-Book erhältlich.

Philosophisch und inspirierend:
die perfekte Lektüre für alle Sinnsucher

Der zwölfjährige Felix ist verzweifelt. Seine Mutter Fatou, die in Paris ein kleines Café betreibt, ist in eine Depression geraten. Fatou, einst der Dreh- und Angelpunkt der liebeswerten und schrulligen Gemeinschaft ihrer Stammkunden, ist nur noch ein Schatten ihrer selbst. Um sie zu retten, unternimmt Felix mit ihr eine abenteuerliche Reise nach Afrika, die sie zu ihren Wurzeln und zur Versöhnung mit der Vergangenheit führen wird.

Ein origineller und tiefsinniger Roman über die Kraft von Herkunft und Familie und die wunderbare Liebeserklärung eines Jungen an seine Mutter.